SELF-DISCIPLINE
TRAINING GUIDE

自律修炼手册

[美] 史蒂夫·帕弗利纳（Steve Pavlina）◎著　　郭一炜◎译

湖南文艺出版社
HUNAN LITERATURE AND ART PUBLISHING HOUSE

博集天卷
CS-BOOKY

Contents

目录

PART 03

优化你的习惯

PART 04

管理你的精力

作者自序：
从盗窃成瘾的辍学生，到世界级写作者

1991 年，我的生活陷入巨大的黑洞中。

在几次轻罪前科之后，我终于面临盗窃重罪指控，被送进了看守所；我因为长期旷课，被学校开除；我能每天打 18 个小时游戏……总之，我就像掉进了一个自我毁灭、失去控制的旋涡。

于是，我下定决心做出改变。虽然那时我并不知道该怎么做，但无论如何，我真的不想穿着囚服度过自己的人生。

我开始听个人成长相关的音频课程。那时我非常喜欢这些课程传递的积极信息，有时候一天能听两三个小时；这些内容深远地改变了我对人生的态度和信念。我开始设定目标，践行自律，一点一点改掉过去的坏习惯。

后来，我重新进入一所大学。

得益于自己做出的一系列积极改变，我选了三倍于常规的课

程量，并且只用三个学期就获得了计算机科学和数学双学位。在毕业典礼上，我被授予了计算机科学最优秀学生的荣誉。

通过一步一步自我激励完成的这些转变，我感到震惊。

毕业以后，我开了一家游戏公司，此后经营了 10 年。在头 5 年里，这份事业困难重重——我陷入了债务危机，宣告破产。可是我并没有放弃，因为我知道保持坚韧的重要性。

通过不断努力，我最终扭转了局面。在后 5 年里，我的生意经营得非常好，公司发行的游戏得了很多奖，甚至还上了《纽约时报》。

随着在个人成长这件事上不断探索，我越来越多地从中受益，于是我又读了超过 1000 本关于这个领域的书。我依然听音频课程，同时参加线下交流会，让自己不断学习和成长。

之后，我开始把学到的知识和亲身经历融合起来，建立起自己对这个领域的洞见。

1. 传承

我感到自己有一股强烈的愿望，想要把学到的东西回馈给这个世界。于是在 1999 年，我开始写文章分享自己的思考。

最初我只是写软件开发、创业、销售等方面的文章；后来我开始写时间管理，写生活规划，写人生成就，等等。很多读者把我分享的内容用在自己的生活中，取得了积极的成果；每当收到他们的反馈，我都由衷地感到高兴，而这又反过来激励了我输出更多内容。

我加入了一个服务于专业软件开发者的公益协会，并志愿担任协会副主席。一年以后，我又当选了主席，这让我有了更多机会服务整个组织。多年以后，我收到了一个小惊喜，得知自己入选了协会的名人堂。

我创建了一个游戏开发者论坛，后来这个论坛变得非常受欢迎。我非常喜欢把人们聚集在一起，大家分享自己的创意、教训和深刻洞见，所有人都能从中获得成长。

几年以后，我把论坛转让给了几位会员；上一次查看的时候，我发现这个论坛依然在运营着。

我开始被邀请在很多软件开发大会中发表演讲，并且连续几年主持一个独立开发者圆桌会议。

当时独立开发者还不受重视，所以我们的圆桌会议总是被安排在大会最后一天的尾巴上。但我把这变成了一项优势——因为后面没有人再用会议厅了，所以我让大家想待多久待多久，直到最后清洁员赶我们走。

于是，原本一个小时的圆桌会议变成了一场三四个小时的聚会，大家从中获益良多。多年以后，当初的一个参会者跟我说，我的论坛和圆桌交流激励他创建了一家非常成功的游戏公司，如今他已经每年收入上百万美元了。

2. 对个人成长的热爱

我没有通过这些个人成长相关的事情赚任何钱。我的确在上面付出了很多时间，但始终把这些事情当作副业爱好。我的游戏公司收入可以负担生活开支，所以我才能持续写文章、做演讲、参加志愿活动、组织论坛等等。

很多年里，我都怀抱着一种与他人共赢的热情。这种热情是"嫉妒"的反面——这种热情意味着，你能够从他人的成功中获得由衷的快乐。

我喜欢那些帮助别人实现改变的惊喜时刻，这些经历仿佛照亮了我的内心。

由于收到很多读者的建议，我在游戏网站上单独开了一个模块，专门放自己的文章供别人免费阅读，这样大家就能很方便地查找了。

这些文章慢慢被一些搜索引擎发现，开始有越来越多的链接和转发，吸引了成千上万来自软件行业之外的读者。我没有做任何事情去推广这些文章，但最终它们还是通过口碑传得越来越广。

很快，我开始收到读者们越来越频繁的留言，他们希望我把文章出版成书，做成杂志、订阅邮件，以及翻译成其他文字。我不断收到来自世界各地的积极反馈。

几年之后，我发现了一件有意思的事：越来越多的人来我的游戏网站，不是为了下载游戏，而是为了阅读文章。后来，连CNET①都开始付费邀请我为他们写一个月度专栏。

越来越多这样的事情发生，我开始认真地思考自己的职业道路：我能不能把这个"副业爱好"变成一份事业？

随着时间推移，我慢慢对游戏生意失去了兴趣。发行游戏是我20多岁时的理想，但在经营了10年之后，我已经准备好做出新的尝试了。很明显，相比电脑游戏，我更擅长激励人们做出积极改变。

我很认真地做了一些内在探索，最终得出结论：离开游戏行业，我能够做得比现在更好。

我发现即使在游戏行业里，相比自己开发，我也是更喜欢帮助其他开发者做出更多好游戏。我开始收到人们寄来的书和CD，很多读者告诉我，是我激励他们创作出了这些作品。

我有一种感觉，自己正被指引着走上个人成长的道路。随着时间推移，我感到越来越难以拒绝它的召唤。

3. 转变

2004年年中，我参加了海氏出版社（Hay House）在拉斯维加

---

① CNET：美国CNET Networks的简称，是全球首屈一指的互动媒体公司。该公司利用个性科技、游戏、娱乐及商业技术方面的内容，为众多繁忙的现代人提供资讯、娱乐以及沟通服务。

斯举办的"I Can Do It!"大会。当听到韦恩·戴尔博士关于内在信念能量的演讲时，我感到内心有一种难以抑制的强烈情感，忍不住流下了眼泪。

实际上，不只是戴尔博士的演讲，更重要的是身边围绕着如此多追求成长的朋友，大家会聚产生了巨大的能量，而这份能量深深地影响了我。

我仿佛找到了一种强烈的归属感，知道自己真正属于哪里。

当韦恩博士结束演讲的时候，我已经有了一个清晰的愿景：我要做一个像他那样站在演讲台上的人，激励人们做出积极的人生改变。

我加入了头马国际演讲俱乐部①，学习怎样公开演讲。

2004 年秋天，我注意到了博客这个工具的快速崛起。

我意识到，这对我来说是一个绝佳的工具，从此以后，我只需要专注于创作新内容；尤其棒的一点是，人们可以订阅我的文章推送了；这样每次我发布了新内容，他们就能收到自动通知。

这是一个黄金机会，我没有理由再等下去了。

于是，在 2004 年 10 月 1 日那一天，我正式创建了 StevePavlina.com 网站，开始即时发布自己的最新文章。

———————————

① 头马国际演讲俱乐部（Toastmasters International）：在 1924 年成立于美国加州，是一个非营利性的国际性教育组织，在全球 140 多个国家拥有 16000 多家俱乐部和 30 多万名会员。其宗旨是帮助人们提高沟通能力和领导力。

StevePavlina.com 网站很快就开始爆发，几年之内，它变成了全世界个人成长领域最受欢迎的网站之一。

我没有花一分钱来推广它，我也不在上面销售任何商品。我只是热爱分享，所以我把自己最好的思考都免费分享出去。我相信只要自己保持这样的学习和成长，就总会有新的灵感产生，永远不会枯竭。

4. 能量流动

通过口碑传播，我的网站流量增长得非常快。

一开始，StevePavlina.com 网站并不赚钱，但最终我找到了方法，知道了怎样通过这些作品获得持续收入，从而在这条路上走下去。

2006 年，网站收入已经足够覆盖我的生活支出；到年底时，产生的收入甚至已经比我之前的游戏生意更多了。

自那之后，我又尝试了很多商业模式，主要目标就是确保长期的可持续发展。我希望确保财务问题不会变成创作的阻碍。

2006 年 10 月，我最终关掉了自己的游戏公司。

大约在写博客一年之后，我收到了一封信。写信的人说，他原本正在想着用什么方式结束自己的生命，但不知怎么看到了我的网站，他一口气读了 6 个小时。等读完的时候，他已经不再考虑自杀的事了。他开始思考自己人生的目的，思考自己能为这个世界做出怎样的贡献。

读完这封信，我被深深地感动了。后来我收到过无数的来信，读者们反馈，我的文字给他们带来了积极影响；一些人甚至说，是这些文字挽救了他们的生活，帮他们重建了希望。

我感到万分幸运，能用这样的一种方式给别人带来帮助。

5. 因果

2007 年，海氏出版社跟我签了一份出版合同；2008 年，我的第一本书 *Personal Development for Smart People* 出版。

在正式出版前的三个月里，单凭预售数量，这本书已经进入了亚马逊的 Top100 榜单。后来，这本书被翻译成了十几种语言，在不同的国家出版发行。

当我们追随自己内心的指引去做热爱的事情时，这一路上发生的故事不是很美好吗？

自从 2004 年开始写博客以来，我已经写了超过 1200 篇文章，足够出版 25 到 30 本书。

2010 年，我放弃了自己所有文章（以及音频）的版权，将其在互联网上免费公开，未来的文章也包括在内。

所以，对于所有这些作品，你享有和我一样的权利。也就是说，你可以翻译，可以出版，甚至可以重新打包然后销售，这都没有问题。如果你在亚马逊上搜我的名字，你会看到人们已经出版了很多书，这些书都是基于我的作品。

我希望把清醒自主成长的理念传播给更多的人，所以我觉得放弃版权是一个共赢的选择，即使人们用我的作品赚钱也没问题。

6. 我的个人成长哲学

我的个人成长探索都极具实操性。我喜欢让自己沉浸在各种体验中，有些只是短期的，而有些则会成为长期的生活方式转变。

比如，最初我是在 1993 年做了一次素食 30 天尝试，结果从此变成了素食主义者；后来在 1997 年又转变成纯素食主义者。我还跑过洛杉矶马拉松，练了很多年武术，在即兴剧团中表演，尝试 100% 纯素生食，还有"多相睡眠"①……

我的个人成长哲学有三条核心原则：真实，爱，能量。

我信奉开放和真诚的交流。

我的第一原则就是保持真实。我愿意为此承受一些"名誉"上的损失，只要确定自己是在真诚沟通就好。

事实就是事实，无论它是不是受欢迎。

我信奉人生要做自己热爱的事，愉快而满足地过属于自己的生活。

_____

① 多相睡眠：即达·芬奇睡眠，据说达·芬奇就是采用多相睡眠，他每隔 4 个小时就睡 15 分钟。人们可根据工作的具体状况，在白天按时分期睡眠。多相睡眠的好处就是，你可以在一周内节约 30—40 小时。

我不愿让自己每天紧张兮兮，疯狂工作，牺牲健康，或者占他人的便宜。我已经在人生的早期犯过这些错误，如今再也不会了。

对我来说，这意味着设定现实可行的做事标准，磨刀不误砍柴工。我喜欢定期努力工作，但我也喜欢花时间旅行，进行有意义的社交，放松享受人生的乐趣。

最后，我信奉帮助他人获得勇气，让人们直面恐惧而变得更加强大。

我相信每个人内在都蕴藏着伟大的品质，只不过需要通过探索才能把它挖掘出来。我从不宣扬所谓一夜暴富或者"快速成功"。我会坦诚地告诉人们：个人成长需要我们付出很多努力；当然，也值得我们付出这些努力。

我的人生目标：

·深切地关怀，充满乐趣地与世界连接，强烈地热爱，慷慨地分享；

·愉悦地探索、学习、成长并取得成就；

·创造性、聪明且高尚地为这个世界整体的美好做出贡献。

7. 信息 vs 信使

一些人觉得我有点与众不同，我完全接受这个评价。我不认为过跟所有人一样的生活有什么意义。我的很多朋友都很与众不同——这里的"与众不同",我指的是快乐。

从 1992 年开始,我就从来没有从事过什么常规的工作,生活主要靠自己建立的被动收入。

我生活在拉斯维加斯,我非常喜欢这座城市的氛围;我喜欢开玩笑,喜欢和人们分享欢乐;我热爱敞开心灵的情感,热爱充满激情的爱,还有温暖的拥抱;我热爱旅行,总是在登上飞机准备去一个新地方时感到兴奋;我喜欢结识新朋友,和内向的人、外向的人都能够相处愉快。

现在,你已经对我这个"信使"有了一些了解。希望你能花一点时间读读我的文字,看看哪些部分能让你感到激励。

毫无疑问,你会找到一些喜欢的观点;同时,也会有一些观点挑战你原本的认知,让你难以接受。如果咱们对所有东西看法相同,你我岂不是同一个人了?

个人成长是高度个性化的体验,没有两个人会对所有事物看法完全相同。

我想做的,不是说服你相信任何东西,也不是向你兜售任何个人成长策略。

我想做的,是帮助你找到适合自己的方式,从而获得成长。

了解你的欲望

好的问题，能改变你看待一件事的视角，从而
让正确的选项显现出来。

面对选择时，
问自己这 6 个问题

现实生活中，我们时常会遇到一些两难的选择，然后就陷入犹豫不决的状态。比如，是否要换个工作？是否要改变职业方向？是否要结束一段感情？是否要搬到一个新的城市？是否要开始一种新的生活方式？

很多方法看似可以帮我们做出理性的选择，但也会有一定的局限性，因为我们获取的信息不可能是绝对完整的。

其实，在我看来，真正获得理性判断的方法很简单——在不确定如何选择时，问自己正确的问题。好的问题，能改变你看待一件事的视角，从而让正确的选项显现出来。

在面对选择的时候，我会主动问自己下面这些问题。

◎ 这个决定能帮助我成长吗？

"成长"是我个人的最高需求之一，所以我会选择那些能让我学习和成长的选项；相反，如果一个选项只能让我看到很少或者干脆看不到成长空间，那我通常就会放弃。

这种"成长型思维"的思考模式，让我总是倾向于拥抱新事物，而不是反复做那些已经完成的事情。在现实中，我就是这么做的。

比如，我一般不会重复举办同样内容的学习班。即使需要付出更多的时间和精力，我也倾向于举办有着全新内容的学习班，因为这会推动我得到更多的学习和成长的机会，远胜于去不断重复之前做过的事情。

再如，2004 年我决定加入头马国际演讲俱乐部，成为这个组织的会员。

刚开始考虑加入这个俱乐部的时候，我挺焦虑，因为我知道，练习公开演讲不是一件很舒服的事。然而，我还是参加了第一次聚会，加入了这个演讲俱乐部，因为我知道这会是一段让我成长的经历。事实证明，的确如此。

但到了 2010 年，当我在协会里已经很难获得成长，对所做的事情已经太过熟悉的时候，我选择了退出，然后把注意力转移到了其他领域。

在很多时候，恐惧和犹豫会让我停滞不前，然后我的内心就开始纠结，开始找各种理由来骗自己：我做不到，因为我太忙了，因为时机还不到，因为我还没找到感觉……但我同时也会问自己：做这件事会让我成长吗？如果这个选择能让我成长，那我就倾向于选择去做。

有时候我自己也很不情愿，哪怕嘴上说了"愿意"，其实内心并不完全认同这个选择，当这个决定需要我面对恐惧、提升相关技能或者需要付出额外的时间和精力时，更是这样。

但是，如果我选择去做、去尝试，这就将是一段成长的经历，我就已经迈出了很好的一步。

◎ 最佳自我会这么做吗？

2010 年，在我犹豫是否要放弃所有博客文章版权的时候，"最佳自我会这么做吗"这个问题，给我带来了清晰的思路。

那时候我已经有了大量的原创文章，而且我是唯一的版权拥有者。但我经常会想：如果放弃版权，把这些文章免费"贡献"出去，会发生什么呢？这看起来是一个巨大的"牺牲"，而且我难以预料这会带来什么结果。

于是我问自己：最佳自我会这么做吗？

答案是肯定的。如果放弃版权能帮助更多的人，最佳自我肯定会选择这么做。

最佳自我是勇敢的、慷慨的、充满创造力的；他能够把这么多原创文章"贡献"出去，完成和这个世界的连接，而他也有能力应对随之而来的结果；他相信这么做是有价值的；他知道自己可以创作出更多更好的文章；他不愿为了所谓"安全感"而抓着现有版权不放。

对最佳自我来说，通过做自己就能得到足够的安全感。即便之后发现事情不太容易处理，他也有能力应对。他足够强大，足以应对这些结果。

最佳自我会这么做吗？当然会。通过思考这个问题，我打消了很多顾虑。

无论如何，放弃版权不是个容易的决定，但至少我知道，这个做法能让我与内在的自我更加一致。如果我退缩了，那就会是相反的结果。

◎ 我想要这份回忆吗？

我们做出的每个决定，都会成为一份回忆；我们一生中所有的决定最终会成为一系列的回忆。那么，哪些回忆是你想要的呢？

·在接下来的 10 年里，持续使用社交 App（应用程序）的习惯？你想拥有这份回忆吗？（极少有人会说"是的"）

·在目前的工作岗位上再待一年？你想拥有这份回忆吗？

·维持你现在的感情关系，你愿意吗？

·你想拥有这次旅行的回忆，还是更想没有这份回忆？

　　这是个很有力量的问题，很多人在第一次思考这个问题的时候，立刻就找到了答案。

　　想想过去 10 年里，你用社交 App 进行的交流、在网上发过的评论，你还记得哪一条？我几乎记不起什么了，只有些很模糊的印象。我的大脑好像根本不看重这些东西，以至于没有留存下任何有意义的细节。

　　既然社交 App 如此不重要，那我为什么还要在这方面花费更多时间呢？想清楚了这件事后，我选择更多地把时间花在旅行上。每年我都会去一些之前没去过的地方，其中一个原因就是我想要拥有这些旅行的回忆。

　　当你回顾过去一年的时候，你还记得什么？你喜欢这些回忆吗？你原本能够拥有更好的回忆吗？

　　当我回顾过去的一年时，我记得在阿卡普尔科有一家叫作 Verde Vegan（纯素食主义者）的餐厅，我在那里享用了很多美味的食物；我记得我曾冒着雨在伦敦的街头漫步；在一个火山顶上参观了咖啡种植园；在哥斯达黎加的雨林里看到了好几个瀑布；在意大利街边的鹅卵石上坐着品尝浓缩咖啡，在 Villa Borghese 公园散步，凝望西斯廷大教堂的穹顶，在"真理之口"拍傻傻的照片；在迪士尼乐园连续待了 30 天，度过了很多有趣的时光；在加拿大温尼伯的艺术节上看了各种各样的剧，吃了萨莫萨三角饺配罗望子酱；在这一年的学习班里分享欢乐经历和各种想法，然后和大家一起去吃晚餐；我记得，我是和女朋友一起做了这些事情。

我绝大部分美好的回忆，都不是坐在办公桌边工作，而是去拥有各种有趣的体验。对你来说也是这样吗？

在问过自己"我想要这份回忆吗"后，我把很多答案是"Yes"的想法都付诸行动了——有时候看起来挺傻的。其中最傻的一个，就是在迪士尼乐园里连续待了30天。对一项体验来说，这时间真是够长的了。但我意识到，如果我把这项体验付诸行动，我会拥有一些很棒的回忆，而且这也是一次很有探索性的体验。

我很少后悔在一个选择上采取了行动；真正让我后悔的，往往是自己没有去勇敢尝试。我相信很多人都是这样。我们往往会后悔自己错过了某个机会，而不是后悔自己曾经去追求某个目标——即使我们没有达到当初期望的目标。

◎ 这会让我成为一个怎样的男人？

这里分享的是我自己的问法，大家可以根据自己的性别来调整，或者用一种更为中性的问法：这会让我成为一个怎样的人？

在我20多岁的时候，这个问题对我来说格外有力量，那时我会思考自己想成为一个怎样的男人。

19岁的时候，我在看守所里待了几天，这个问题就是我在看守所里想出来的。我意识到自己变成了一个糟糕的人，这让我如梦初醒。我意识到，为了改变，我必须做出与以往不同的选择了。

你做出的决定，最终塑造了你的个性特征，就像逐渐把一块石头雕刻成最终的样子。有些决定只是雕琢了你的一点细节，而有些决定则会塑造你人格的关键方面。我坐在看守所里做出的决定，就是人生中最重要的几个决定之一。

如果你在 2004 年到 2008 年浏览过我的个人主页，你会看到上面有很多广告。最高峰的时候，我一个月能通过这些广告赚 1.2 万—1.3 万美元。但是在 2008 年，我清除了所有广告，于是这份收入马上就没了。

我这么做的一个原因是，我把这视为关乎自己个性的一个决定。当读者们来我的网站寻找个人成长相关的内容时，我不想让他们受到第三方广告的干扰，这让我内心有些纠结。我面对着选择，而不同的选择会塑造我不同的个性。

第一个选择是继续享受广告带来的丰厚收入。如果我保留了广告，那到今天我可能已经有上百万美元的收入了。但这同时也意味着，这么多年来，我都试图将自己塑造成一个可以为了金钱而违背自己价值观的人。如果我做出这样的决定，我接下来就可能继续做出类似的决定。

第二个选择是移除所有广告，寻找与内心追求一致的赚钱方式。这意味着为了追寻自我的认可，我要少赚很多钱。这是一个更艰难的选择，因为之前的广告收入是很容易维持的，新的选择则需要我做更多的工作。

但我还是选择了第二条路，因为我相信这会从积极的方面塑造我的个性。短期来看，这个选择会让我的生活更艰难，但我更喜欢这个选择。舍弃那些与内心追求不一致的收入，为的是迎接更艰难的工作，最终获得与内心追求一致的收入。

在做出这个决定一年后，我举办了自己的第一个三日学习班。时至今日，我已经举办过16场学习班。这些学习班不像网站广告那么赚钱，但在很多方面为我带来了"收益"。比如，我就是在第一次学习班上遇到了现任女朋友雷切尔，而价值观的契合正是维系我们感情的一条重要纽带：我们都是长期的纯素食主义者，我们都热爱旅行，我们喜欢一起进行生活方式上的有趣探索。

在生活中，如果你接受与自己内心不一致的东西，你就会吸引越来越多那样的东西。但如果你选择真正的勇气，你也会获得更多的勇气。所以，要考虑好，你要让你的每一次选择怎样塑造你的个性。

我很高兴自己在当时选择了移除那些广告。把那些与内心不一致的东西清理掉，这让我感到与读者们建立了更紧密的联系。从那以后，我与几百个读者见过面，大家每次都彼此拥抱。那些广告让我内心产生冲突，而通过清理它们，我也清理掉了自己和读者之间的障碍。

对这个"性格塑造"的问题的思考帮我做出了很多艰难的决定，我还能举出更多例子。这个问题推动我直面恐惧，去追求新的体验，让我能够在个人成长的道路上探索得更深。我并不是总能做出正确的决定，但问出这个问题至少让我能更多地做出正确的决定。

◎ 我能扭转或撤销这个决定吗？

上周我决定买一个新的办公椅，换掉现在的旧椅子。当我在网上浏览的时候，我想，这次应该买一把真正的好椅子了，而不是再换一个不到100美元的便宜货。更何况，我今年的健康目标之一就是改善自己的体态姿势。

在做了一些调查以后，我把范围缩小到了两个选择：赫曼米勒电竞椅（Herman Miller Embody）和世楷人体工学椅（Steelcase Gesture）。像这种有自己名字的座椅，我以前可没有过。

这两个品牌的椅子价格都超过了1000美元，两个品牌，两种完全不同的设计概念。我在拉斯维加斯找不到实体店，所以没法试坐。网上的评论是有用的，而且我能分别看到两个品牌的用户的评价，还都是很详细的分析。对于两种椅子，很多用户给了4星和5星好评，但也有人给了1星或者2星差评。最终似乎只是个人偏好的问题了。

我没有在两个选择中间过多纠结，而是直接挑了自己觉得可能最喜欢的一个——世楷人体工学椅。我没见过实物，所以只能盼自己好运。

我之所以不这么纠结，是因为我知道这个决定是可撤销的。实物收到了，如果我不喜欢，我可以退回去，再不行我还能卖掉。我可能浪费了一些时间和金钱，做了个不正确的选择，但长期来看这对我几乎没什么影响，造成的损失是可以挽回的。

当然，有一些决定的影响是永久性的，我们没法撤销。如果你辞去了一份工作，结束了一段感情关系，那即使你事后改变主意，你可能也很难再回去了。

但是，还有很多决定，它们本身是可撤销的。你可以退回买了的东西，你可以回到以前的城市，你可以买回熟悉的物品，你可以转换到之前的饮食方式和健身方式……如果一个决定是可撤销的，或者它带来的消极影响不会很严重，那我就倾向于去探索新的体验。我至少也能从中学到点新东西。

◎ 我能先测试这个决定吗？

如果你无法撤销一个决定，那也许你可以先测试一下。你能不能每种选择都浅尝一下，从而得到足够的清晰感？在你做出最终承诺之前，能不能先获得一些真实体验？

2009 年，在我和前妻艾琳犹豫是否还要一起生活时，这种思维模式尤其有用。在不离婚的情况下，维持几个月的开放式感情关系，我尝试着与其他女性交往。这种测试最终带来了内心清晰感——结束当前的感情关系会是更明智的选择。离婚不是个容易的决定，但通过测试，做出这个决定就会更容易一些。

一些结婚多年的夫妻会尝试分居一段时间，看看如果两个人分开的话生活会怎么样。有本书《我该去还是留：适当分居可以拯救你的婚姻》专门探讨了这个问题。这本书里介绍了一种很科学的检验婚姻的方式，不过我和艾琳并没有按这种方式来。在面对类似的一些决定时，"先测试一下"其实是一种很有用的办法。

对于一项决定，先测试一下，这至少可以让你先踏出一步，而不至于犹犹豫豫停滞不前，永远纠结于到底要选哪个方向。

下次当你面对艰难决定的时候，可以试着问出以上的几个或者全部问题。我相信，你会发现这些问题是非常有用的工具，可以让我们更容易得到清晰感，做出更正确的选择。

当我分享这些问题给其他人时，大家最喜欢的通常是"回忆问题"。所以，你不妨就从这个问题开始。

当离世时，
你希望自己是什么样的人？

"当离世时，你希望自己是什么样的人？"在思考这个问题时，最让我有紧迫感的一点是：我尽了自己最大的努力吗？

对我来说，这意味着两点：

1. 根据自己当前的优势和劣势、知识和技能、内在和外在的资源来看，我是否认为自己已经做到了当下能做到的最好？

2. 我是不是用这一生的时间，做出了自己能力范围内的最大贡献？

这两个问题让我得以应对"自己必然会死"这个人生谜题：事实上，我可能会在任何时间点死去，人生中有很多东西都不是我能控制的。而面对这些事实，这两个问题就为我提供了一种解答方式。

在死去时，如果能对这两个问题说"是"，我就能感到内心是平和的。如果不能发自内心地对这两个问题说"是"，我就知道自己已经偏离了轨道。通过思考自己为什么没法说"是"，我就能清楚自己该对哪些方面做出调整了——好让自己重新回到"是"的状态。

而无论什么时候，只要我能对这两个问题说"是"，那想到"自己随时都有可能死去"这件事时，我就能够感到内心是平和的。对我来说，这就是一种对生命本身的平和。

此时此刻，我觉得自己就能发自内心地回答"是"；但我也知道，在过去的日子里，我有很多时候都只能回答"不"。在未来，很可能某些时候我又会发现答案变成了"不"；而当这种情况出现时，我就又失去了面对生命的那份内心的平和，于是就要重新唤起自己的勇气，去做出改变，去重新找回那份感觉。

"做你自己能做到的最好"，这不是某个静止不变的目标点，而是个永无尽头的旅程。你有时候会迷失方向，有时候又会因为某些不受你控制的力量而偏离正轨，而无论在哪种情况下，回到正轨都不是件容易的事——尤其当你已经偏离它很久以后。

在任何情况下，你能做出的最好选择就是，做到自己能做到的最好。我相信，当你知道自己已经尽了最大努力时，无论发生了什么超出自己掌控范围的事情，你都可以保留内心的一份平和。

你已经做到了自己能做到的最好，那还能再要求什么呢？如果你做到了这一点，其实也就不需要再要求什么了；而如果你已经不需要再要求更多，自然也就得到了内心的平和。

未来是可以预测的

有多少次，你的一个朋友处在一段感情关系中，你能看出这段关系在滑向深渊，你能看出这段关系只会有一个悲惨的结局，但你的朋友完全不知道？

我们往往很难克服对自身的偏见，看清自己脚下的道路将伸向何方，但我们似乎经常可以预测别人的道路将去向何处。

◎ 简单的预测练习

花点时间想象一下：某个你比较了解但你并没有投入重要感情在其生活中的人——也许是一个同事或者生意合作伙伴，基于你对这个人的了解，你认为5年之后他会是什么状态？他的事业、感情、健康、精神状态、信仰、财务状况等，会是什么样子？他的哪些方面将会有所改进？哪些方面将会走下坡路？又有哪些方面会相对不变？

　　不要担心预测做不到绝对精确，只管做出你的猜测就行了。在这里，我们暂时不考虑类似意外死亡和不可抗力等特殊情况。

　　你不一定要都写下来，但是要尽量将你的预测具体化，并把它们大声说出来，或者至少在心里描述出来——比如这个人的体重会增加、减轻，还是维持不变？他的收入会提高还是降低？他还会从事现在的职业吗？他会开始、结束还是维持一段感情关系？你们还会是朋友吗？

　　在读下去之前，请先花一两分钟来试一试。

◎ 理解你的预测

　　现在，让我们把你的具体预测内容扔在一边，来看看你是怎么做出这个预测的。你考虑了哪些因素？

　　这里有一些因素，可能是你会纳入考虑范围的，你可能考虑了这个人的——

· 行为模式

· 习惯

· 过去

· 环境（家庭，工作）

- 社交关系（家人，同事，男女朋友）

- 工作／职业

- 精神／宗教信仰

- 财务状况（收入，现金流，债务）

- 拥有的物品

- 上瘾行为

- 健康／饮食

- 身体特征（外表，体重，卫生）

- 遗传特征

- 个性

- 性格特点（诚实，自律，勇气）

　　我猜你至少考虑了以上因素中的一部分，不管是有意识还是无意识。你可能快速思考了一下这个人的当下和过去，然后对他的未来做出了预测。这就像一个物理问题，你试着确定物体的位置、速度和加速度，然后这些因素就能让你以某种精确度预测出它将在未来的某个时点到达某个地方。

　　请在心里把你做预测时考虑的因素列成一个清单。还有什么不在这个清单上？你还是不一定要写下来，可以只是在心里想，把那些你觉得自己考虑了的因素或标准列出来。

　　如果你没有运用某些理性的衡量标准，而主要是靠本能和直觉做出了预测，那也可以。我们并没有想在这里用上什么严格制定好的程序。如果你主要依靠直觉来对一个朋友的未来做出预测，那不妨猜想一下，你的直觉会认为哪些因素是重要的？

再次提醒，别担心做不到绝对精确。只需要用你的方式做出预测，以此获得清晰感。就算你内心里使用的预测程序看起来难以理解，那也没关系。

◎ 遗漏了什么？

现在，让我问你几个问题——你做出这个预测，多大程度上考虑了这个人的清醒意识？你考虑这个因素了吗？你有没有考虑这个人的自由意志？你有没有考虑，这个人做出决定、清醒自主创造自己生活的能力？你有没有考虑他的目标、梦想，还有对未来的规划？

这个人的未来，你认为主要是由他现有的环境、遗传、行为模式塑造而成，还是由他清醒自主的选择塑造而成？

现在，如果一个你认识的人正在读这本书，他选择对你的人生进行预测，那又会是什么结果？他做出这份预测，是基于你是一个清醒自主的、有高级认知能力的人吗？或者他认为清醒自主的意识并不会在你未来5年的生活里发挥多大作用？

你觉得，你朋友做出的这个预测准确度怎么样？如果不考虑你的清醒意识，这份预测还会相对准确吗？

你内心的清醒意识在这里到底有多大作用呢？在人生这个舞

台上，你的清醒意识是在主导着演出，还是仅仅充当旁观者的角色？在多大程度上，你是在清醒自主地引导着自己的生活？

显然，在一些情况下，清醒意识、行为以及周围环境这三个要素是不冲突的。但是，当不一致的情况出现时，哪一方在你的生活中才是最强有力的？

举个例子，如果你当前的习惯和环境可能会让你变得邋遢而生活混乱，但有着清醒意识的你已经下定决心要做一个整洁有序的人。哪一方会在接下来的 5 年中获胜？如果你的朋友们要赌一把，他们会把赌注都下给哪一方？他们会是正确的吗？

你自己有多清醒呢？

◎ 预测你自己的未来

你又会怎么预测自己的未来？

那些给朋友做预测时所考虑到的因素，你会用在对自己的预测上吗？

你做出这份预测，会主要基于现有的环境、行为因素，还是基于你清醒内心的力量？

你做出这份预测，会主要基于你过去和当前的状况，还是基于你为自己未来的展望所做出的清醒选择？

哪种标准会是最精确的？如果一个厉害的科学家想尽可能准确地预测你的未来，他会认为哪些因素至关重要，他又会给每个因素添加多大的权重？

你清醒自主选择出的人生目标，会在这份预测中获得多大权重？0%？1%？5%？10%？20%？50%？90%？

对于你的未来，你有没有一个清晰的展望？它是什么样的？

◎ 你的清醒意识有多强大？

你的清醒意识有多强大？它能改变你的行为吗？它能重塑你的环境吗？它能改变你的社交关系吗？它在你的生活中能起到多大的作用？

一些人选择了清醒自主的生活，并勇敢面对随之而来的挑战。对这些人来说，"清醒选择"就是这份预测中最强有力的那个因素。它不会占100%——即使最清醒自主的人，也没法绝对掌控他们生活的现实。但是，如果你为一个清醒自主的人预测未来，你就必须知道他将决定如何过自己的生活。现有环境和行为模式依然会有影响，但这些因素不是最关键的。

你有没有遇到过这种人——他们是高度清醒自主的？

也许他是个100磅的超重的人，但你能够看到他做出了清醒的决定去减肥，你能够看到他不屈不挠的意念，所以你知道，5年后的他不可能还处于超重状态；也许他是个深陷困境的生意人，但你就是知道他最终一定会成功……

当某个人的清醒意识足够强大，强大到足以在长期生活中取得成就时，你能感觉到吗？当某个人有足够的能量超越"逃逸速度"时，你能感觉到吗？而当某个人根本没法成功的时候，你是否也能感觉到呢？

你有没有遇到过这样的人，他们就是不接受别人所说的绝境，他们的态度是"我会找到一条路，或者我会创造一条路"。你就是知道，他们最终一定会达到目标……

这种人很罕见，在我见过的人里，这种人不超过1%。但高度清醒自主的人，他们几乎全都散发着能量的光芒。仅仅是待在他们身边，你都能感到自己变得更加清醒了。

对于更强大的清醒意识，你又持什么态度？对于那些比你更能清醒自主掌控生活的人，你又有什么样的感觉？

你认为这样的人充满威胁吗？你会给他们贴上"超级成就者""天才""天赋异禀"之类的标签，好让自己有借口和他们拉开距离吗？是否正是这些标签，让你放弃了清醒自主的选择，放弃了获得和他们一样的成就，甚至超过他们的可能性？是不是这样你才能在面对自己的时候感到更"舒服"？

是什么阻碍了你去做那些同样精彩的事？也许你确实不具备达到那种水平所需的能力，但你有没有持续成长的能力呢？

◎ 抗拒是没用的

变得清醒自主，这件事可能会很困难、不舒服、让人沮丧，甚至会让人非常痛苦。这种痛苦来自我们对这个过程本身的抗拒。当我们发现以往的一些事情并不正确，但我们又偏偏要守着它们不放时，我们其实就是在拒绝接受这种让自己强大的能力——我们通过清醒选择去创造属于自己的生活的能力。

我们为什么要害怕那些让自己变得强大的东西？

我觉得，我们拒绝提升自己的觉知，是因为有一件事太过痛苦——向自己承认自己浪费了过去的时光。当我们接受更高水平的清醒意识时，我们往往要重新解读自己的过去，而且往往是从一个否定的角度来解读的。这些年都浪费了，浪费在维系那些无法令人满足的感情关系上；这些钱都浪费了，浪费在抽一包又一包的烟上；这些过去的时光都浪费了……

我们回过头去，看到自己过往所有的决定都错了，错得完完全全，错得彻彻底底。我们的整个人生到目前为止都是在犯一个巨大的错误。我们选择错误的职业，养成错误的习惯，陷入错误的感情关系，走入错误的人群中。一年又一年，也许是十年又十年，时间都已经被浪费掉了。

但其实，我们可以轻松地原谅自己，认识到在过去这些年里，我们已经做到了自己能做到的最好。过去我们只是没有像今天这样清醒而已。如果我们能从过去学到一些东西，那过去也许就不再是一种浪费。

但是，我们往往不会马上采取这样一种态度。

我们会怎么做？我们会为自己的过去辩护，我们把原本可以更好的未来再过成过去的样子。

我们重新把过去的那些决定进行合理化，我们尤其不能承认自己一直以来都是错的。承认这是事实真的太痛苦了，我们没法对这个世界说："我过去那些年的婚姻、职业乃至家庭和人生完全是一个大错。"

那这会有什么后果呢？

我们没能提升自己的清醒意识，反而降低了它。我们把自己最伟大的内在能量浪费在虚假的自负里，通过这种方式来维持一个幻觉。我们沉沦下去，生活得就像一架失去控制的无人机，而不是一个清醒自主的人类。

最终，我们都将化作尘土。

◎ 过去的已经过去了

我们为自己的过去辩护，直到死亡来临。在这么做的时候，我们生命里清醒意识的能量值也就不断降低：80%……50%……15%……2%……最终到达一个让人感到悲哀的点，在这个点上，我们去预测自己的未来，甚至都没必要再考虑"清醒意识"这个因素了。

你还要为自己的过去辩护多久？

你能不能原谅，自己曾在生活中犯下过最糟糕的错误？你能不能原谅，自己在自欺欺人的状态里生活了很久？你又能不能原谅，为了解决当下的问题，自己又无法避免地给他人带来一些痛苦？你能不能原谅，自己一直处于一个低于自身真实能力的认知水平？

你能不能接受，自己也只是一个普通人？

你能不能对这个世界说"非常抱歉，亲爱的朋友们，我确实犯了一个错"？

你能不能承受随之而来的人们的嘘声？

你觉得你承认曾经犯的一个错，地球就会偏离轨道了吗？有人不会犯错吗？

为了维持一个幻觉，你都牺牲了什么？这种牺牲值得吗？你要一直做这种牺牲直到自己死去的那一天吗？

你到底在辩护什么？

◎ 感到无力并没有问题

另一个把我们困在低认知水平的原因是，即使我们能够鼓起勇气承认真相，我们也会感到无能为力。所以我们发现，相比坦然承认失去了所有，否认事实、保持一种不真实的自我良好的感觉会更加容易。

在我自己的人生中，我发现最有效的解决办法是，无论如何，承认事实，然后坦然接受，承认自己太弱而无力做出任何改变。这没什么问题。

如果我了解到一种状态或者行为对我来说是错误的，但同时又感到无力改变，我发现直面问题真相还是会比一味否认要好，哪怕我感到自己什么都做不了，哪怕我想不出任何解决办法。我对自己说："我知道这是错误的，但现在我还太弱，还没法做出改变。"

处于错误中，坦然接受这种状态，这会让你拥有高度的清醒意识。清醒地看到你正在做某些自己相信是错误的事情，或者忍耐一种你知道并不正确的状态，这并没有问题。请心甘情愿地牺牲所谓"安全感"（以及认为自己很完美的幻觉），但不要牺牲你的清醒意识。

如果你在做的事情让自己感到痛苦，那就让自己痛苦，然后对自己的处境保持清醒，对这种处境给你带来的痛苦保持清醒，但不要仅仅为了逃避这份痛苦而走入黑暗。

虽然会感到痛苦，但通过维持清醒的认知，你可以积累起自己最强大的能量，而这最终会让你拥有你需要的力量。请告诉自己："我当下无力做出改变，但我想要变得强大，强大到足够做出改变。"

我自己在公开演讲上就经历了这个过程。我并不是一个天生的交流专家，我从小就非常害羞和内向。我害怕任何形式的公开讲话，即便在小团队里也是这样。但是，当我后来开始努力，想要像一个真正的成年人一样清醒地生活的时候，我意识到，如果我愿意完全接纳自己所选择的人生目标，那我就会成长为一个优秀的沟通者。

　　我知道，我选择的这条路会把自己引向很多公开演讲。我将要公开分享关于自己的很多事情，这些事情我甚至自己都不愿意承认，更别说面对我压根不认识的人了；我将要解决很多对自己来说非常有挑战的问题，如果我还想拥有任何一点希望——去帮别人解决他们的问题。

　　在追求这个目标的过程中，我将不得不承担一次又一次犯错的风险，一次又一次否定自己的过去，清醒自主地把自己推向全新的方向。但是，在我最开始考虑这些的时候，这对我来说似乎太难以承受了。这条路上有太少的"安全感"，却有太多的恐惧和不确定性，有太多来自他人的批评。所以，我就只是对自己说："我知道这就是自己必须做的事，而至少此时此刻，我还没有力量去完成。我甚至都看不到这有什么希望。但是，我想要变得强大，强大到足够去面对这些——无论要付出怎样的努力。"

　　这就是清醒意识力量发挥作用的方式。它超越环境，超越行为，超越恐惧。

　　如果你还没有一个清晰的目标，那怎么办？如果你还不知道从哪里开始，那怎么办？那就从想要变得更加清醒的意愿开始。告诉自己："此时此刻，我想要变得更加清醒而有觉知。"

　　预测自己未来的最好方式，就是去清醒自主地创造它。

把快乐放在第一位

对于你目前的工作状况、感情关系、生活方式——如果你只是在勉强忍受，而并非真正喜欢，那你就是把其他某些东西置于自己真正的快乐之上了。

一些社会法则可能会告诉你，要牺牲自己的快乐去保持某个数量的银行存款，去交贷款，去为别人的期待买单，这才是正确的生活方式。

可能你的父母也这么教导你，告诉你要"有责任感"，要找一份"稳定"的工作，他们告诉你这些有多么"重要"。

如果你真这么做了，那根据这些社会标准，你就是个成功的人。因为你在做着别人期望你做的事，所以没人说你不对。

但是，迟早有一天你会发现，牺牲自己真正热爱的生活，去付那些账单，去满足别人的期待，这根本就不是什么成功。实际上，这是彻头彻尾的失败。

如果你发现自己正处在这样一种状态，那你已经完全误解了生命这场游戏。

你被告知上面那些东西很重要，但与此同时，对那些高度自尊、对自我价值有着正确认知的人来说，那些根本不重要。他们不关心你赚多少钱，提供什么服务，或者你结婚多久了，他们关心的是另外一些事情。

◎ 对于你自己和你正在走的这条路，你到底感觉怎么样？

我有很多朋友，他们赚的钱并不多，没有也不想做"稳定"的工作，他们的感情生活也同样"不稳定"，但是你能够感受到他们那种发自内心的快乐。这样的人，往往会成为我生命中值得交往的、有趣而难得的朋友。

我也有一些朋友，他们在财务上非常富有，有几十年积累的成功事业，有充满爱的、稳定的感情关系。他们的快乐也是发自内心的。你会发现，这样的人也是值得交往的，是有趣而难得的朋友。

然而，每当我面对那些在"尽自己的责任"但没有真正快乐地生活着的人，他们每天在重复着"如果我那样……如果我不那样……"的自欺欺人的游戏。我能从他们的眼神里感受到绝望，从他们的话语中感受到麻木。

他们感到被束缚，感到沮丧而挫败，但嘴上说着"还好吧""还行吧"。

如果你自己正处于这样一种状态，那你完全可以换一种活法。但第一步就是面对现实，然后正视前方未知的黑暗。

事实上，你所害怕的"黑暗"没什么可怕的。是的，你可能会面临一些挑战，但这正是你获得成长的方式。

◎ 真实的情况到底怎么样？

如果你一直自欺欺人，你就永远没法摆脱困境。这世上确实有通往自由的路，但这条路在"自欺欺人"的对立面——在"真实"和"接纳"那一边。

"快乐"到底是什么样的？

快乐就是每天早上睁开眼，你就会对新的一天感到乐观而充满期待，快乐就是你只要睡醒就不想再待在床上。

充满了新鲜体验和创意的一天正在等着你，所以你会感到无比兴奋。快乐就是每天都动力满满地不断前进。

当你快乐的时候，你依然可以按时付账单，但区别在于，你可以做出更好的决定，决定什么样的账单才真正值得去付。而且，如果你过着一种快乐而充满动力的生活，那你当前的很多花销其实根本就不会出现。

当你真正快乐的时候，只要你愿意，你依然可以给别人提供支持，但区别在于，你是发自内心愿意这样做，而不是因为你觉得有义务这么做。

当你真正快乐的时候，你依然可以拥有稳定的事业，但区别在于，你可以用更少的时间创造出比现在多得多的价值，因为真正的快乐会激发创造力和行动力，而正是创造力和行动力会带来更多的机会；只要你愿意，它就能给你带来可观的收入。

放心，不会因为你决定把自己真正的快乐放在第一位，你的世界就炸掉。其实更可能发生的情况是，这个世界会发出一声感叹：为什么你花了这么久才做出这个决定？

当做出和自己的快乐相一致的决定时，我有时候（偶尔还很频繁）会听到一些尖锐的反对声，但这些反对声永远都来自那些在自己的生活中无法感到快乐的人。

我的选择对他们来说是一个痛苦的提醒，所以我能理解，能感到同情，也能够原谅这种反应——他们深陷在不快乐的泥潭里，认为这种反应可以说服我也加入其中。

但是，比这些外部声音更让人感到悲哀的，是你自己内心的反对声——那种对得不到别人认同的恐惧。

说到底，对你来说什么才是最重要的：别人的认同，还是自己真正的快乐？

如果你不快乐，那你都不认可你自己，所以别人更不可能真正认可你。别人只会看到，你的选择给自己带来了一个惨淡而失败的生活。

如果你把别人的认可置于自己的快乐之上，那你最终两样都得不到。你会变得不快乐，而你也没法期望别人会认可这个不快乐的你。不管你最终因此得到了怎样的"认可"，那都是虚伪的，就像你装出的满足一样。

别人的认可其实无关紧要。如果你能为自己创造一种真正快乐的生活，那你至少能得到自己内心的认可，而这是有意义的。这种自我认同反过来又会开启外部世界的认同，最终这个世界会给你越来越多的认同。

当你把自己真正的快乐放在第一位时，你很快就会发现，生活中有让人惊奇的宝藏。你会找到真正有吸引力且快乐的人，一起分享真正的快乐；你会找到让自己充满动力、发挥创造力的工作，你会找到那种真正快乐的生活——每天早上你都兴奋地从床上跳起来：哇！

你最伟大的成就是什么？

我的高中同学要举办一场毕业 25 周年聚会，我可能会去。我高中时最好的朋友也准备去，我觉得重新见见老朋友应该会挺有趣的。

有些事情是可以料想到的：大家都变得更胖了，更秃了；大部分人结婚了，当初那个学校里的体育健将，现在变成了一个保险销售员，同时还是两个孩子的爸爸；当初那个学校里的话剧明星，现在开了一家餐馆……

当我回顾高中毕业后的这 25 年时，我问自己：过去的哪一项成就是自己最骄傲的？我并没有什么兴趣向同龄人炫耀，只是好奇自己将怎么回答这个问题。

高中时我的成绩是全 A，我带着这份成绩单毕业，我对大学充满期待，遵循着社会为我设定的那种常规道路，而我也觉得我会在这条路上继续走下去。

我在大学的表现很好，一定程度上是因为我自己的目标和别人的期望是一致的。当时我想做的大多数事情，都得到了相当多的支持，几乎没什么阻力。没人会跟我说："别追求计算机科学的学位了！"

但是，当我想要做一些其他人不认同的事情时（比如创业，或者成为素食主义者），真正的反对声就出现了。不知道为什么，这种类型的考验经常会出现在我的生活里。

我会遵从某些价值观的约束，但只有在它们跟我自身的价值观一致时才会这么做。如果我内心不认同其他人的某些"规则"或者"惯例"，那我基本就会选择无视。

我会思考自己的选择将带来的影响，但我不会仅仅为了遵守规则而去遵守规则。我会自己思考，做出自己认为正确的决定，而不管所谓"标准""规则"应该是怎么样的。

如果我没有发展出自己的独立意识，我就不会成为一个纯素食主义者，不会结束一段令人不满的婚姻，不会开两家公司，不会写博客或者进行公开演讲；我也就不会放弃自己文章的版权。

在和同龄人交流的时候，我经常发现自己很难和他们沟通。他们中的很多人似乎都过于害怕……他们太害怕冒险。

人们害怕失去自己所拥有的，但讽刺的是，他们甚至都不珍惜这些东西。

大多数时候，他们不是害怕为自己承担风险，其实他们往往愿意并且有能力这么做；他们更害怕的，其实是面对别人的评价——在自己无法"迅速成功"时尤其如此。

如果我失败了，家人把我当成失败者怎么办？

那就让他们把你当成失败者，这根本无关紧要。你没有什么义务去打动他们。你走好自己的路就够了，让他们管好他们自己。

如果你失败了，那就败得有点风度，在失败中找回自己的尊严，然后站起来重新开始。

别再把"失败"当成什么不可战胜的怪兽了，它只是前进道路上的一个小坎儿。如果你这辈子想做点真正有趣的事，那你就一定会遇到很多个这种坎儿。

如果我失败了，我的伴侣离我而去怎么办？

那他本来就不是个好伴侣。这正好是一个检验的机会，看看你是不是选择了一个无法面对你的真实自我的伴侣。如果真是这样，那谢天谢地，他终于走了。你会找到和你更配的人。

如果你想要培养自己的勇气，而你的婚姻对象对此表示很害怕——那好吧，你就别指望这份婚姻能持久。

如果我失去了所有积蓄怎么办？

那你不过就是没钱了呗。你可以重新开始，赚到更多的钱。生活是一场游戏，它并不会因为你暂时钱少了就直接结局。这场游戏的关键是"成长"，而不是获取金钱。

如果你走上了一条有趣的成长之路，你很可能会失去所有的钱，没准还会很多次地经历这种损失。你会习惯于面对这种挫折的。

正是上面的这些恐惧，让人们在生活中变得停滞不前。

我很庆幸自己没有变成那样，庆幸自己选择了一条充满各种体验和挫折的道路，庆幸自己能够在各种决定中找到快乐和意义——虽然这些决定并不是每一个都"正确"。

对于高中毕业以来这些年的成长，我感到很欣慰。这种欣慰并不来自任何外在的、打动了别人的成就，而在于我成了一个能遵从自己内心去生活的人，哪怕其他所有人都不认同也无所谓。

我不吃动物产品，因为我觉得这不道德。

我没有一份"常规"工作。仅仅为了一份薪水而重复工作，这就是在浪费生命。这不值得我牺牲自由。

我免费分享自己的大部分作品，所以任何人都可以很方便地分享它们。这让我感觉良好。

我的思想、情感和行为并没有多么不寻常，其实有很多人跟我的看法是一致的。他们认为放弃动物产品是更道德的，他们不愿意用自己的生命去为某个人打工，他们喜欢展现自己的创意，做出自己的贡献。

但区别在于，他们被要面对的他人的评价的恐惧阻挡了，于是最终没能跨出这一步。

我感到非常幸运，自己内心的某个声音总是会跳出来说："不，我可不要像这样生活。"

在过去的 25 年里,我最自豪的成就,就是自己成了这样一个人:我明白,满足他人对我的期望根本毫无必要。这给了我自由,让我得以创造出自己真正喜欢的生活。

我其实也在看向未来:25 年以后,未来的自己也许会再次回头,看看自己成长了多少。我不知道那时的史蒂夫会是什么样子,但我能想到,他走过的路会让我感到惊奇。我喜欢这种感觉。

到目前为止,你生命中最大的成就是什么?哪些成就是你最欣赏的?你能说出一项自己在公共领域的成就吗?或者一项个人领域内的成就?

复盘自己的成长

作为网站更新项目的一部分，我计划用几天时间来整理自己开始写博客时头两年的文章。

但在整理完头两年的文章后，我决定继续下去。最终我花了一周，对存档文章进行了一次彻底整理（在超过 11 年里创作的所有内容），完成了一次整体回顾。

◎ 回顾过去的 11 年

我很高兴自己进行了这次重新整理，但这个过程比我预想的更加困难。想象一下，回顾自己过去 11 年的生活——我做过的每一个重要项目，每一项个人成长试验，每一次旅行体验等，这些都会唤起我内心强烈的情感。

　　自从写博客以来，这是我第一次进行整体的回顾。这给我带来了一个其他事情无法比拟的、宏观的视角。我看到自己的过往生活，就像很多不同的线一样，最终被编织成一张完整的挂毯。我也看到，自己在某一年种下的小种子，后来变成了生活中最重要的部分。

　　某一天，我还在回忆头马国际演讲俱乐部的 7 分钟演讲比赛；几天之后，我就在举办自己第一个三日学习班了；又一转眼间，我已经在进行国际性的演讲，同时举办着更多的学习班。

　　在时光流逝之外，我看到了这些线索整体的编织过程——意念最终与现实合而为一。

　　在这段回顾的日子里，晚上我会经历一些很鲜明的梦境，好像自己的内心在把一些以前从未连接的"点"连接起来。我看到 2007 年的意念，在 2013 年变成现实；我看到一些目标被完成；我看到一些目标最初脱离轨道，但之后以另一种方式被实现。每天醒来，我都感觉自己像是一个不同的人。

　　在完成这次回顾之后，我问了自己两个问题：

　　第一，在这 11 年里，我最重要的一项成长体验是什么？

　　第二，在这 11 年里，我最重要的一项成长教训是什么？

◎ 我最珍视的成长体验

　　为了回答第一个问题，我开始思考所有可能的答案，然后进行比较。我不断地问自己，如果在过去的 11 年里，我只能保留一项改变，而生活中其他所有部分都必须退到 2004 年的状态，那么，哪一项改变是我想要保留的？

我的答案可能会让你感到惊讶。它确实让我自己感到惊讶了。

最初，我觉得是写了一本书，并且完成了出版。这可能是排进前五的事，但它不是第一。

我想，也许是学习公开演讲。这也是能排进前五的事，但仍然不是第一。

成功创建了自我成长相关的培训体系？进行国际旅行？尝试开放式情感关系？放弃作品版权？这些都很好，但都不是第一。

在过去 11 年里，如果有一项改变是我最珍视的，那就是：我结束了自己的婚姻。

如果我只能保留过去 11 年里的一项改变，我选择保留"离婚"这一项，放弃其他所有事情——博客，出书，演讲，旅行，所有这一切。

如果我没有进行这次博客文章梳理，可能我就不会给出这样一个答案。回顾 2004 年—2009 年的早期文章，我想起自己处于婚姻中的那种状态。我想起自己做出了多少妥协，保持在一种"中间地带"，以维持婚姻和留在舒适区。

这期间让我感到最艰难的是 2009 年，就是这一年的 10 月，我终于决定离婚。在回顾这一年处于婚姻状态中的各种探索时，我感到心里充满了压力。

在 2010 年以后，我感到身心轻松了很多。那种沉重感消失不见了。我还记得，回到和自己直觉一致的状态，释放掉生活中不起作用的部分，那种感觉是多么好。

我最喜欢回顾的是 2013 年。那一年我进行了比其他年份更多的旅行，包括第一次去很多国家，进行关于生活方式和情感关系的演讲。那是顺畅的、心灵自由的一年，是学习、成长混合着冒险和乐趣的一年。那一年里我有了很多新鲜的体验，极大地扩展了自己的舒适区。我开始感觉其他国家也像自己家一样了。

另一个我很珍视的成长体验，是花了 30 天去学习音乐，用 GarageBand（苹果设备上的数码音乐创作软件）创作了几首简单的歌。那只是过去 130 多个月里的一项体验，但它对我来说意义很大。在那之前，我一直都不是一个擅长音乐的人。沉浸其中，学习一些基本技巧，这种经历让我感到非常有收获。我播放了一些当初创作的歌，不禁笑了起来。在人生中的某些时候，我愿意从生命中多拿出几个月来，让自己沉浸在音乐创作中。

◎ 潜在的成长经验

第二个问题呢？我问自己，如果我只能保留过去 11 年里的一项教训，其他的教训都必须被遗忘，我会选择哪一个？

我选择的教训是：在我无法清醒自主地找到属于自己的成长道路时，我放缓了自己的成长，而且不那么享受自己的生活。

无法清醒自主地找到自己的成长道路，一个原因是我让自己受了太多他人的影响；另一个原因是我让自己进入了一种非清醒自主的、不付出主动努力的"自动驾驶"状态。

我看到了一种鲜明的对比：当我不被他人的意见左右、做出自己的选择时，我就能获得快速的成长；当我不再付出主动努力，只是跟随多数人的方向而不是听从自己内心声音的时候，成长进程就开始变慢。

当我学习公开演讲的时候，加入头马国际演讲俱乐部，获得技能、积累经验和树立自信，这些都很有用。但当我停止做那些被安排好的演讲，转而寻找自己的演讲机会时，我获得了更快的成长。一路走来，我从其他演讲者那里学到了很多；但只有在打破常规、建立属于自己的演讲风格时，我才获得了最佳成果。

在过去的 11 年里，我没有吸取这个教训的一个最明显的领域，是身体锻炼。我进行了许多试验，包括睡眠、饮食以及排毒等，并且学到了很多知识。但是，我没能清醒自主地建立属于自己的锻炼方式。这些年来，我只是进行常规锻炼，但这些更多是重复性的、维持性的，比如在同样的路线上跑了一遍又一遍，其间偶尔几个月也混杂着其他的健身方法。

在身体锻炼方面状态最好的时候，是我清醒自主地进行新鲜尝试的那些年，大概是 1996 年—1999 年。在这段时间里，我开始长跑，进行跆拳道训练。那时我住在海边，喜欢上了在那里运动的感觉。我在风里雨里奔跑，在生病时也奔跑，不断更新自己的最佳状态。我尤其喜欢跆拳道中的对打。

但是，我在过去 11 年里的锻炼方式，多数情况下都很常规。我通常用晨跑来开始新的一天，我喜欢那种规律运动带来的头脑清晰的感觉和内心的快乐。运动让我感觉很棒。在偷懒不锻炼的时候，我总是会感到思维也变得更弱了。

这就是我没有付出足够的主动努力的领域，它让我想起那些加入头马国际演讲俱乐部的人。10 年后，他们依然在俱乐部里，依然在做着 7 分钟的演讲。他们在第一年取得了很多进步，但之后开始停滞不前。他们让俱乐部的局限变成了自己的局限。他们谈论着成为专业演讲者，但 5 年之后仍然在谈论着成为专业演讲者，只不过这时拿到了更多的比赛奖杯。这基本上就是我在锻炼方面所采取的方式。我推动自己前进了几年，然后开始停滞不前。

我喜欢自己在演讲这条路上所尝试的方法。我每年都不断寻找新的方法来挑战自己，我看到自己一年又一年地持续进步。正因为这种进步，我对演讲这件事情变得更加享受。

在身体锻炼方面体验到类似的进步时，我感到非常开心。比如，逐渐增加跑步里程，或者在格斗中不断获得新级别的腰带。我还记得用两小时跑完 13 英里，或者飞腿侧踢击穿两块木板时，自己是多么兴奋。

在 20 世纪 90 年代末，身体锻炼变成了我生活的主线。这是我非常重要的一项体验，对我来说至少和工作一样重要。在那段时间里，我的财务状况很差，但身体状态很好。那些年我清醒自主地进行了身体锻炼方面的探索。我让自己不仅仅局限于学习他人的模式，让自己不要停滞不前。

请一位私人教练可以在短期内让自己取得进步。我以前尝试过，这种方法很有趣，在开始阶段也很有挑战性。但一段时间之后，我就觉得这是例行公事。无论何时我遵照他人的某些模式，即使是一种灵活的模式，我也总是会感到难以保持同步。

◎ 个人成长是一种自我认知

我记得李小龙曾说："个人成长的好处之一，就是能够得到自我认知。"训练是一种心灵层面上的经历，能够帮你发现自己是谁。在很多个人成长的事情中，我都找到了这种感觉，如写博客、演讲、旅行以及情感关系的探索等。这种知道自己走在自我认知道路上的清晰感本身，已经成为我进行新鲜探索的一部分动力来源。

我曾经在身体锻炼的道路上脱离了自我认知的轨道。多尝试他人的锻炼模式，无法教会我更多地认识自己。每种模式都让我想起那些优势、弱点、成长等我早已经历过的东西。我会在短期内变得更快、更强、身材更好，我会碰壁，然后完成超越。这些都是可预见的事情。我可以在一段时间里提升自己的身体状态，心灵层面的收获却非常少。所以，这些方式在我的成长过程中都不是可持续的。

在上高中时，我讨厌跑步，因为自己在这方面很差劲。我没什么耐力，几乎都跑不了一英里。在 20 多岁时把跑步转变为一项自己享受于其中的事情，这是我的一种个人成长经历。最关键的不是跑得越来越快，而是拥有这样一种经历——你最终把自己的一个弱点变成了优势。

格斗训练也让人充满能量。在这个过程中，我感到自己的身体变得越来越强，越来越有力。我感到自己在这个世界上更加安全了。我可能会受伤，但我对此并不担心。被别人狠狠踢中肋骨是一种经验，嘴唇破裂流血也是一种经验。我学会了相信自己的直觉，在无须思考的情况下果断出击。

在训练过程中我得到了心灵层面的成长，这会让我的身体状态也得到提升。我生活的很多方面都是这样。我逐渐变得善于把这种经验带到生活的其他领域。

不管怎样，我们内心的意念本身就会寻求表达。回顾过去的11 年，我看到心灵层面的成长席卷了自己生活的所有方面——心理、生理、社交、财务等等。清醒自主的成长意味着，有意地寻找这些心灵层面的经验教训，以此来塑造并提升我们的内在自我。这是我们每天都可以做的事情——只要我们选择去做。这些日子将是我们内心里最美好的回忆。

人生的目的与价值

上一次我更新自己的人生目的宣言和价值观列表，已经是很多年前的事了。自那以后，我的生活发生了极大的变化，过去的一些想法已经没法和我当前的状态保持一致了。所以，这周我花了些时间进行自我精神的探索与内省，以便对老版本进行一轮更新。

我的新生活目标宣言是：

·深切地关怀，充满乐趣地与世界连接，强烈地热爱，慷慨地分享。

·愉悦地探索、学习、成长并取得成就。

·创造性地、聪明且高尚地为这个世界整体的美好做出贡献。

我也许会持续修改这份宣言，但总体上我觉得它已经可以很好地概括自己人生中真正重要的内容了。

　　人生的目的宣言是一件非常个人化的事情，所以当你阅读别人的人生目的时，它可能对你没有太大用处，但对制定它的人而言意义非凡。

　　我的最新价值观列表如下（按优先级排序）：

　　1. 关怀（同情，善良，慷慨）

　　2. 合一（无条件的爱，连通性，和谐）

　　3. 奉献（激情，忠诚，热切）

　　4. 亲密（真诚，开放，分享）

　　5. 探索（好奇心，学习，冒险）

　　6. 才华（天赋，创造力，风格）

　　7. 荣誉（谦逊，感恩，优雅）

　　8. 快乐（有趣，幽默，玩乐）

　　9. 成功（充裕，富足，财富）

　　我发现最简单的方法是先明确自己的价值观，然后按优先顺序排列，再用这个清单来帮助我确定人生目标。整理价值观列表花了我好几个小时，而当这部分完成后，生成新的人生目的宣言只用了不到 30 分钟。

　　创建这份列表给我带来了一些新的见解，让我能够看到对自己来说最重要的是什么。

　　开头的三条价值观（"关怀""合一"与"奉献"），涉及创建一个把"爱""支持"和"连接"融合在一起的价值核心。这些价值观帮助我与"爱"这一基本价值保持一致。

接下来的两条价值观（"亲密"和"探索"），帮助我与"真实"这一基本价值保持一致。当我拥有一个强烈的"爱"的基础，我就会被激发出热情，以向外探索、分享和学习。

第六条价值观（"才华"），是关于创造性的自我表达。我能给别人带来什么独特的价值？我最值得分享的是什么？

最后三条价值观（"荣誉""快乐"与"成功"），是关于我希望怎样去体验并享受生命这场游戏。

自己核心价值观的显著变化，让我感到惊奇。现在的列表与过去20年里我创建的任何一个都不一样。以前有一些价值观几乎排在列表最顶端，如"专注""自律"和"效率"。如今，这些价值观对我来说已经不那么重要了。现在让我感到更重要的，是遵循自己内心的指引。

价值观列表的转变会改变你的决策和行为。举例来说，若干年前，我移除了自己主页上的第三方广告，这让我马上失去了每年超过10万美元的被动收入。一些人觉得我是傻子。但是，这个决策和我的价值观是一致的。

就像你所看到的，在我现在的价值观列表里，对他人的关怀和做出高尚选择的重要性，高于个人财富的增长。然而，对一些持有不同价值观的人而言，同样的选择可能就不会让他们感到快乐，但我自己从来没后悔过做这件事情。

和人生的目的宣言一样，价值观列表也是一个非常个人化的东西。别人的价值观可能对你并没有太大用处。只有当你看到自己的价值观被写在纸上时，你才会清晰地感知到拥有这样一份列表的好处。

人生中做某些决定会很困难。然而，当你拥有一份人生的目的宣言和价值观列表作为参考时，做这些决定会变得容易很多，同时你做出的决策也会更连贯一致。

你应该辞去你的工作，开始自己创业吗？是的，如果你认为"成长"和"学习"比"稳定"更重要的话。

你应该结束当前的感情关系吗？是的，如果这段关系不能让你坚持最重要的价值观，而另一份关系可以更好地匹配你的价值观。

早餐时你应该吃一顿比萨代替水果奶昔吗？不，如果你重视"活力"和"机敏"胜过单纯的"生理满足"。

当你能够快速地提醒自己什么对你来说是最重要的、什么具有更高的优先级的时候，你不仅可以清楚地知道正确的决定，还能知道为什么这些决定对你来说是正确的。

PART

02

激发你的动力

分享一些自己最常使用的方法，来帮你找到内
心的动力所在。

激发欲望与动力的
8条捷径

很多人问我，该怎么和内心的欲望、热情以及人生中的重要兴趣建立起更好的连接关系？我知道有很多人都觉得生活很无聊，经常心不在焉，缺乏明确的人生目标。今天我就分享一些自己最常使用的方法，来帮你找到内心的动力所在。

◎ 拥抱新事物

我的第一个建议就是：拥抱新事物。

只要一件事情对你来说是新鲜的，那就尽管去尝试。这么做的好处就是，你给自己的大脑带来了大量可供参考的经验，而这反过来又会提高你的品位和鉴别能力。

我热爱新鲜体验，通常我会对新鲜事物说"Yes"——即使自己可能不那么擅长。如果一件事足够新奇，那即便我不太喜欢，它也依然会在某些方面提升我的品位。

今年夏天的早些时候，我参加了一个"高潮冥想"培训班，和两位女士完成了一部分课程。

这个课程对我来说非常新奇，所以我就想："干吗不试一试呢？"但实际上，我发现它既死板又无聊。然而，尝试这个课程依然给我带来了一些清晰感，让我更清楚自己喜欢什么，以及为什么喜欢。这一段经历让我看到，在与他人建立连接方面，自己更喜欢自然而然的、充满活力的方式。

清晰感来自对比，所以如果你想获得更多清晰感，那就进行更多的对比，也就是拥抱接纳新鲜的体验。这对青少年以及20多岁的年轻人来说尤其重要。尽管在自己的朋友圈里放话出去，告诉别人你完全开放，愿意尝试以前从未体验过的事物，然后主动寻找一些他人的邀请。然后，对其中的一些邀请说"Yes"。

你的大脑会通过体验来进行学习。如果你缺少各种体验，大脑怎么会知道你最喜欢的是哪个？当然不能——你需要给它更多的训练。如果你每天都吃同样的食物，怎么能指望大脑知道你最喜欢的食物是什么？

◎ 直面恐惧

不理性的恐惧常常把人挡在真正有趣的生活之外。你能否找出自己最主要的一个不理性的恐惧？也就是说，如果你采取行动，无视这份恐惧，其实你也不会有什么真正的危险。

找出来之后，就做出严肃的承诺，直面这份恐惧直到征服它——即使要花上10年也可以。

公共演讲曾经是我的一大软肋。在2004年前后，我下定决心要认真解决这个问题。这真是一种奇妙的体验，我把这种不理性的、毫无意义的恐惧转变成我在这项技能上的自信，而这项技能又为我带来了很多新机会。在过去的一些年里，我也进行过很多情感关系方面的探索，不断拓展自己的舒适区，并进一步看清自己社交兴趣的真正所在。

请不断把自己置于不舒服的环境里，然后你就会看到自己原本的舒适区得到了拓展。当恐惧消退时，你将感到比以往更加自由，你将拥有更多的选择。你没有必要仅仅因为感到恐惧就拒绝做这件事情。

直面恐惧的另一个好处是，你会吸引同样也在做这些事情的人。你将结识更加优秀、更加有能量也更加有趣的朋友。和那些经常逃避恐惧的人相处，通常是一件无聊的事情——他们也不会结交真正高质量的朋友，因为他们总是待在自己的舒适区。这样的人无趣且缺乏激情，他们没法帮助你成长。

　　所以，如果你让自己变成这种没有活力的人，更多有趣的人就会避开你，因为你基本没法带给他们任何激励和成长。开始直面你的恐惧吧，与恐惧相反的积极事物会随之而来。

　　请下定决心掌控你不理性的恐惧，而不是让它掌控你。这里尤其要注意对"失败"和"拒绝"的恐惧。这两种恐惧实际上是生活中必不可少的部分，如果你躲避它们，你也就放弃了拥有一个有趣的生活。

◎ 沉浸其中

　　很多人都只是对自己感兴趣的东西浅尝辄止。但是，生活中那些最精彩的部分，往往都是在你突破表象、深入探索时才会显现出来。

　　试图把每天的生活"平衡化"，这只能导致某种程度的无趣和浮浅——请允许自己时不时地彻底沉浸在一个兴趣里。

　　用玩扑克牌的术语来说，就是不要总是"跟注"（所下筹码和当前其他玩家下注最高的那个一样多）。你要么加注，要么干脆弃牌。当你探索一个兴趣的时候，把它当成你生命里唯一重要的事情；否则就把它丢到一边，等它能激起你足够的热情时再说。请远离那种不上不下的中间状态。

　　我认识的那些动力满满的人，他们似乎都会让自己完全沉浸到感兴趣的事情里。在他们的世界里，要么就是 0，要么就是

100%，没有 50% 这一说。对他们来说，生活是更加清晰分明的；他们会说很多"是"，会说很多"不是"，但很少会说"也许"。

用一整天甚至更长的时间，彻底沉浸在一件你感兴趣的事情上，排除其他所有事情的干扰，只专注于最必要的部分——你上一次这么做是什么时候？生命本应该充满这样的日子：你全心专注于一件事，从黎明到黄昏。

我甚至在一些小事上也用这种方法，有时候这可能让一些人觉得有点不可思议。但我发现，这种彻底沉浸在其中的感觉，远比浅尝辄止或者半途而废更能让自己充满动力。比如，有时我会花一整天甚至两天时间，对我想买的一件东西竭尽所能地进行信息收集，直到我觉得自己变成了关于它的一个专家，这才罢手。

◎ 舍弃毫无意义的义务

如果你想有时间和精力去追求自己真正感兴趣的事情，那就对所有无法激起你 100% 兴趣的事情说不。为了真正美好的生活，把这些部分舍弃掉吧，永远也别回头。

在过去的很多年里，每当一个节日到来，我就总是很害怕给别人买礼物。我通常会把这件事拖到一个月的 23 日或者 24 日。我从来就不擅长做这件事，做这件事仅仅是为了取悦别人。这件事永远都不会激发我的兴趣。所以在几年前，我告诉所有人：我要舍弃"送礼物"这件年年重复的事。大家接受了我这一点——

这根本就不是什么大事。

现在，每当节日来临的时候，我就感觉无比解脱。我现在能更好地享受每年的节日，关于送礼物的压力烟消云散了。如果我想给某个人买一件礼物，我会去做，是因为我确实想这么做，而不是因为我感到有义务去遵守某个已经变味了的传统。自由的感觉真棒！

也许你在生活中也有一些毫无意义的所谓"义务"，那么，舍弃它们吧。这些事情只会耗费你内心的能量，让你无法把更多时间用在真正感兴趣的事情上。

或者，如果你真的这么想做一个取悦他人的人，那我倒是挺想让你来取悦我。如果你拒绝，我可就不高兴了哟。

如果我们不去满足他人的期望，一些人往往会嚷嚷起来。让他们嚷嚷去，让他们哀号去，你只管闭上眼就行了。这些事情都会过去，最终他们会调整对你的期望，从而匹配你所坚持的行动。别觉得你有义务去改变自己的行为，以此来满足他人无聊的期望，尤其当你认识很多人的时候，你会发现这根本就是不可能的。

◎ 要放弃就果断

如果你发现一条路走不通，那就别一条路走到黑。及时放弃，然后去尝试其他事情。

尝试新鲜事物当然没错，但如果你确信面前的矿山里没有钻石，那就果断放弃吧。即使你暂时没有别的目标，那也没关系。就让这段时间空着，这样你也不至于把你的生活塞得满满当当。

生活中有这么多有趣的事情，所以如果你不学会果断放弃，那你就经常会被一些"义务"困住，让自己原地打转。要学会尽早止损，不要付出太大的代价。

你当然会犯错。你会买到不合适的东西，跟不合适的人约会，吃到不合适的食物，接受不合适的工作——这些都只是生活中的一部分而已。如果你遇到这些"不合适"，那就果断做出正确的行动。

别在心里跟自己玩那种把戏了，假装自己喜欢这些事情。实际上它们只会让你感到无聊，它们只会让你感到沮丧。

◎ 休真正的假

通过休假，定期让自己重启一下。暂时切断和旧生活的联系，让自己的内心向完全不同的方向随意漫游。给自己输入一些以往不曾有过的东西。

一个真正的假期至少要一周，理想情况下最少要 10 天。你通常需要花几天让自己适应一个新地方，让自己停止思考那些还没完成的事情。

周二晚上，我刚从多伦多旅行了两周回来。虽然我在旅行的刚开始写了一篇博客和一条简讯，但除此之外就是完全在休假了。我和女朋友在皇家安大略博物馆待了一天（其中的庞贝古城展真是太棒了！）；和朋友们在安大略湖上绕着小岛划船；看了三场戏剧和四部电影；主持了一场叫"游戏之夜"的活动；参观了一处1812年战争中保留下来的要塞；参加了一个全天的纯素食美食节。

回到家的时候，我感觉超级有动力，想马上就投身到项目中。现在即使一天工作了12个小时，我也很难让自己停下来。我的动力简直在喷涌。

在一个足够长的假期快过完时，你会开始感到不耐烦，想回到一些有更高产出的事情上去。你的一部分自我想要去工作，而假期则会让这种压力不断积累。最后，当你回来的时候，这种压力会像一个旋涡一样，把你卷进超高的动力中去。

但是，如果你从来都没有休过一个足够长的假，那你最终会发现自己陷在低动力的状态里，似乎很少有事情能真正引起你的兴趣。到这个点上，是时候给自己引入一些新鲜的刺激了。

如果预算有限怎么办？其实这从来不是一个真正的障碍，除非你要让它成为一个障碍。我遇到过一些非常有趣的旅行者，他们在几乎身无分文的情况下旅行，搭便车，做"沙发客"……或者骑单车旅行，或者干脆徒步旅行。

他们认为，财务问题只是一个软弱的借口，没钱根本没什么大不了的。他们没一个饿死的。事实上，他们中的一些人睡在公园的时候，或者做类似事情的时候，还经历过一些很有趣的故事；

这些故事实际上让他们本人更加有趣了——远比那些躲在财务借口后面，不敢拓展自己的人有趣得多。

◎ 切换模式

如果你对自己生活中的某个部分感到不确定，那就把注意力转移到其他确定的地方。完全沉浸在更加确定的领域，把不确定的那部分先放一放。

比如，你对自己的职业或者财务状况感到不确定，那就试着把注意力放在其他完全不同的领域上，如身体健康；当你在其他领域有更明显的提升方向时，这么做尤其合适。我称之为"切换模式"。

我每年都会切换模式很多次，而这种切换给我带来了很神奇的效果。当我对社交生活不太确定时，我就让自己沉浸在生意领域；当我对生意领域不太确定时，我就让自己沉浸在健康领域或者其他生活方式的探索上。这避免了自己长时间被困在某个领域。

在感觉不确定的时候，强迫自己前行是非常低效的。但此时如果你切换自己专注的领域，你可能会取得飞速的进步。把注意力转向一些以往你逃避的领域尤其有效，如整理房间、处理感情问题，或者填完过去遗留下来的报税单。通常情况下，你在做这些事时建立的确定感和前进势头，最终会扩展到原本感到受阻的领域。等时机合适的时候，你再切换回那个领域就好了。

工作和学业并不一定就是你生活的核心。拿出一个月甚至更长的时间，把工作扔到一边，让自己去钻研某个完全不同的生活领域，这种感觉会非常棒。

我觉得给"产出效率"下一个更宽泛的定义会比较好：只要能为自己和他人创造价值，你就可以说自己的产出效率是很高的；我们并不是非得从事传统的工作和生意才称得上是高产出。

我在生活中有一点我自己非常喜欢，就是我有足够的自由，每年我都可以花大量时间——甚至是一年中的绝大多数时间，如果我愿意的话——来专注于做一些和工作无关的事情。我选择了这样一条职业道路，让自己能把很多个人追求转化成文章和课程，为他人带来价值。我经常会几周甚至几个月都不做任何产生收入的工作。留出一定精力，偶尔维护自己的生意好让它保持运转，这对我来说就足够了。然后我就让自己投入其他的事情里。

为他人提供一些具体产品，以及赚取金钱，这些欲望有时会非常强烈；但在追求这些之前，把时间投入生活的其他领域——比如健康，比如感情关系，比如对新鲜事物的探索，让自己在这些方面拥有良好的状态，这一点非常重要。当你感觉在某些领域停滞不前的时候，尤其如此。

◎ 别把不确定性看得有多要命

我的最后一条建议是，请保持基本的耐心。我收到过很多20

多岁年轻人的邮件，他们似乎都对"不确定性"感到相当恐慌。他们还不知道自己要用这一生去做些什么，而且对这个问题感到很苦恼——就好像这是他们在这个年纪就应该完全清楚的事一样。

我个人觉得，一个人在20多岁就能很清楚自己这一生想要做什么，这种想法简直荒谬。通常情况下，都是父母和同龄人把这种压力堆在了年轻人的头上，逼着他们做出选择，现在就做出选择，现在就做出正确的选择。

你要知道，我同样也收到过30多岁和40多岁的人的邮件，他们感到自己被逼着过早地"搞清楚"一些事情，他们深受折磨。他们最终被困在了一份无聊的工作中，过着无聊的社交生活，几乎没有动力去做出任何改变。如果他们足够幸运，那他们最终会打破这种状态，去进行一点点暂时性的探索。仅此而已。

你如今有着多少选择，是你的父辈、你的祖父辈在你这个年龄时不曾有过的？有多少职业和生活方式的可能性，在他们像你这么大时根本就不存在？他们当年能创立一个在线业务吗？他们当年能做一个互联网工作者吗？

他们当初的选择比现在简单得多，因为他们面对的职业选择更少，情感关系选择更少，信息渠道更少，流动性更少，先进的科技更少。所以，他们当初没有现在的年轻人这样的困扰，这很正常。现在的年轻人成长在一个完全不同的世界，一个充满无限可能的世界；而在这无限可能中做出选择，从来就不是一件容易的事。所以，你根本不能把自己父辈、祖父辈的那些"规则"用在今天的选择上，你不能指望这些"规则"还能对你有用。他们的时代已经过去了。

我认为，你的 20 多岁应该充满探索，充满各种体验。这是绝佳的年纪，你可以在很多不同的领域拓展自己。去尝试各种各样的新鲜事物；去直面自己最大的恐惧；去尽可能地在个人成长上进行投资；去沉浸到一件又一件了不起的事情里。别逼着自己过早地做出限制一生的承诺。

我觉得感到不确定是完全可以的。我现在 44 岁，自己依然会时不时地感到不确定，不知道接下来该去做什么。即便偶尔感到很确定，实际上也是错误判断。但区别在于，我不会在感到不确定时让自己深受打击，我也不会让别人来打击我。我接纳不确定性，我把这视作探索和拓展自我的机会。

如果人们试图逼迫你，让你过早地对不确定的事情做出决定，那他们可能要感到失望了。让他们失望去，别把他们的失望变成你自己的失望。请拥抱你进行探索的自由，请享受其中。这份自由没有尽头。

如果我能回到 20 多岁重新来过，我会用 10 年时间去进行大量的探索。我会去更多地方旅行；我会探索更多样的情感关系；我会让自己沉浸在一个又一个技能的学习中；我会尝试不同的创造收入的方式，看看自己最喜欢哪一种；我会知道，如果一些事情会在未来让我感到值得许下承诺，那我完全可以在未来再下更大的注。

为什么我们不能用这种方式度过自己的一生？为什么我们要

逼迫自己过早做出确定性的承诺？即便这么做，难道事情就真的在我们的掌控中了吗？

当其他做法都不管用的时候，我们为什么不能回过头来，拥抱和接纳不确定性呢？别人可能做不到，但为什么你也做不到？在历史上，有多少次人们对那些完全错误的、被证明是虚假的、根本不道德的东西，感到无比地确信？有多少生命本可以被拯救，有多少错误本可以被避免，只要某些人当初允许他们闭锁的内心开放一点点？

感到不确定不是什么问题，除非你要把它当作一个问题。那些你不知道接下来会发生什么的电影，才是最有趣的电影。或许最有趣的人生往往也是这样吧。

10种方式
优化你的生活

许多年前，我和一个老朋友讨论过"人生的意义"这个问题。

他说："我认为人生的意义不在于达到某种程度的外部成功。我相信，我们身处这个世界，实际上是来获得并享受各种'体验'的。"

这番话发生在大约15年前，但这个观点直到今天我还记忆犹新。这是一种有点禅意的人生哲学，因为"体验"意味着活在当下，而"成就"则意味着关注过去或者未来。阅读我的短文章是一种体验，但你应该不会把这当作一种成就……虽然阅读我其他一些较长的文章可能算是。

我们受到社会普遍观点的影响，往往更加重视成就、结果，而不是每天的体验。毕业日比那个学期里某个周二更重要；被公司录用、得到晋升那天比一个平常的工作日更重要；婚礼那天比你看某个难忘电影的日子更重要。

当然，成就和结果都属于一种体验；但反过来，大多数体验却不一定是一种成就或者结果。可能你人生中大多数时光进行的是体验，但并没有什么具体结果。如果你的成就体验占到所有人生体验的 1%，那就已经非常让人惊奇了。

体验次数的增加，也往往带来具体事件突出性的减弱。你小时候第一次说出一个词，这是一个很大的成就；但今天说出那个词已经不是什么成就了。除去获得成就的那些时刻，你可能会发现，人生中大多数的日子都没什么特别的，普普通通，或者比较常规。

如果你用自己大多数的时间来进行体验，而不是追求某种具体成就，那专注于每天获得体验的品质就变得有意义，而不是仅仅关注获得某些成就的高度。度过某个取得重要成就的日子确实很好，但你那些"普通"的日子呢？

当你意识到，一生中大多数日子都是普通的，而不是"特别"的，你可能就会感到有动力去提升这些普通日子的整体品质。

为了让每一个普通的日子变得更好，我自己有 10 种方式来获得一些积极的影响。希望这份清单能够激发你的一些灵感，让你应用在日常生活中。这种"优化每一天"的整体观念本身，远比我给出的具体清单更重要。

◎ 早起

去年我成功养成了 5 点起床的习惯。之后，我又尝试了"多相睡眠"，但在 5 个半月以后放弃了，因为我感觉它不太适合自己。现在我每天早上 4:15 起床，周末也一样。我曾经是一个夜猫子，但现在我喜欢早起给自己生活带来的那些积极影响。

你可以想象，最初的调整期非常有挑战性。但是，和许多最终被固化下来的习惯一样，在养成之后保持下去其实很容易。早起让我感到充满能量、头脑清晰、产出更有效率，让我拥有时间和精力去做那些以前没法完成的事情。这是我做出的最能提升个人能量的改变之一，因为这个习惯在每一天都带来实实在在的回报。

如果我能回到过去，在 20 多岁时建立一个习惯，那我就选择早起。如果你对这个习惯感兴趣，可以读一读《如何成为早起者？》和《如何在闹钟响起时立刻起床？》。

◎ 锻炼

这些年来，我尝试过很多种锻炼方式。我现在采用的方式，是早起后在健身房锻炼 60—90 分钟；这是早起后的第一件事。每周我有 3 天做有氧运动，4 天做力量训练。如果感到筋疲力尽，或者进步放缓（过度训练的一种表现），我会用一两天来休息，或者用长距离散步作为一种替代方案。

"锻炼"这个习惯，给我带来了数不清的好处，最明显的就是它让我的头脑变得更加清晰了，让我能够连续几个小时保持高度专注。

我觉得通常建议的那种每次 20 分钟、每周 3 次的锻炼实在太少了。对我来说，只有每周进行至少 150 分钟有氧运动的时候，我才能感受到锻炼带来的那些重要好处；低于这个水平我就会感觉自己停滞不前，而不是身体状态不断提升。"锻炼"和"早起"两个习惯很好地结合在了一起；通常在我锻炼完回到家的时候，大多数人还没起床呢。

◎ 听音频学习

在锻炼的时候，我通常会听个人成长方面的音频。有时候我在处理日常事务（比如做饭、开车）的时候也会听。我在上大学时养成了这个习惯，而这个习惯在过去的 15 年里都让我感觉很不错；这并不需要花费额外的时间，但它让日常事务变得更加令人愉快了。

我现在用 iPod Nano，比上大学时用的 Walkman 随身听先进了很多。去年我还花 30 美元买了一个调频转换器，这样我就能用车载音响来播放 iPod 的内容了。通过每天听激励性和教育性的内容，我不仅获得了能应用于生活的新点子，还让自己一整天都感觉更加积极。

◎ 冥想

早上锻炼和洗澡之后，我通常会冥想 30 分钟。我个人更喜欢在冥想时进行积极内容的视觉化想象，而不是排除头脑中的所有念头；当然有时候我也喜欢后者。如果锻炼完回家后孩子们已经醒了，我就会把冥想推迟到晚些时候——但几乎都是在开始一天的工作之前。

我的一些最好的点子，都是在冥想时想到的；我也会用这段时间对自己的目标进行视觉化想象。我很享受这种方式。过去这些年里，我都记不得自己真正得过什么病，可能就是这种每天"锻炼＋冥想"的组合习惯让我的免疫系统一直保持强大（众所周知，这两项都是提升免疫力的途径）。家里的其他成员都有过一些疾病，但从来都没有传染给我。

◎ 让人放松的工作环境

工作日的大多数时间，我都是在自己家里的办公房间度过，所以我把办公房间布置成了一个让人感到平静和愉悦的场所。这里有涓涓细流的人造小喷泉，有竹类植物、香薰蜡烛，同时我还会放各种新的音乐，这就是我的私人庇护所。

每天开始工作的时候，我会花上一分钟，习惯性地打开小喷泉，点燃几支蜡烛，放上几首音乐。无论这一天做什么样的工作，我都会感到放松和平静。

把你的工作场所变成自己最喜欢的地方，然后看看这给你的工作效率带来了哪些好的影响。我对自己的办公房间进行设计，主要是为了获得放松和专注的状态；你也可以设计一下，从而获得自己想要的状态。反复尝试，看看不同设计给你带来的感觉，然后保留那些能够带来积极影响的部分。

一个基本的原理是：当你感觉良好的时候，你就会变得更有效率。

◎ 自我雇佣

我不得不承认，"自我雇佣"是提升每天生活品质的一个重要因素。能够掌控自己的时间真是太棒了，我根本没法理解那种想要一份"常规工作"的想法。

如果你有逻辑地思考一下，认为从事一份工作比拥有自己的生意更"有保障"，这种想法难道不是有点傻吗？可能这在你启动一份生意的时候是真的，而一旦生意变得稳定和赢利，那两者简直就没法比了。

我从来不会被解雇或者被裁掉，我自己就从最高层开始干，也从来不用考虑升职。每当我需要快点赚钱的时候，我总是有很多可以在短期内创造价值的点子，我可以拿它来用一个周末赚点外快。我可以做任何自己感兴趣的事情，不需要得到任何人的批准。

相比用"时间"来赚钱，用你的"成果"赚钱会灵活得多，风险也小得多。最大的风险不是破产；如果你破产了，你可以很快恢复——真的没什么。比这大得多的风险，是你错过了很多机会——这正是绝大多数被雇佣者每天在做的事。他们最好的创造价值的点子，全都枯萎了。这种事情带不来任何好处。即使你是一个被雇佣者，我也强烈建议你开始做一些自己的小生意。

拥有一个途径，让你能够创造自己的最大价值，同时还能获得不错的报酬，这件事非常重要。

◎ 高效沟通管理

我的个人网站很受欢迎，由于其中一些话题所具有的个性化的特质，有时我会收到非常多的留言反馈。刚开始我努力地处理，相信每一个问题都应该得到回复。但很快，我开始怀疑这种方式是否足够明智。我的长期目标开始受到影响，因为大量涌入生活的沟通开始占据主导地位。

我不得不做出决定，自己最应该做的是什么：是单独帮助一个又一个读者，还是完成自己的终极愿景？事情变得很清楚，我不应该每天花几个小时来发邮件。

我知道有一些人通过邮件来进行沟通，但通过反复试验，我发现这种工具对我来说并不适用。过多的沟通会影响我的专注力，很容易让我分心。

所以，我严格限制了自己花在邮件上的时间。通过邮件来帮助某个人，这是利用时间的一种不错的方式，但对我来说绝对不是最好的方式。为了写你正在阅读的这本书，我收到的几十封邮件都将得不到回复，但这本书会让几千人看到。

更重要的是，我发现在对外部沟通进行限制的时候，自己才能更好地倾听内心声音的指引。如果你在专注力、清晰感方面存在问题，是不是因为受到了过多沟通的影响呢？

◎ 读书

"每日阅读"这个简单的习惯，让我能够保持学习的状态。我之所以能写出一篇又一篇的文章，没有遇到写作瓶颈，"每日阅读"就是原因之一。

我喜欢书籍，因为书籍内容的品质和系统性通常会远高于网上的内容。我读的书 90% 是非虚构类的，但我偶尔也会阅读一些不错的小说。我挺喜欢皮尔斯·安东尼的奇幻小说。

◎ 深度交流

我和妻子每天都会就一些话题进行交流，如心灵、人生的意义，以及我们为世界整体的美好做出贡献的最佳方式，等等。

我们平时在家工作，周末则经常结伴外出，所以我们不会缺少在一起的时间。我喜欢和妻子进行交流，超过和其他任何人。能找到一个女人分享我对学习和探索的热情，这让我感到非常幸运。

在日常生活中探讨物质世界之上的一些问题，很多人都对这种事没什么兴趣，但我发现这种探讨极有价值，这让我免于陷入社会常规性的恐惧和担忧。

这个人并不一定是你的另一半，但我强烈建议你寻找一个伴侣，你和你的伴侣能够以一种智慧和支持的方式，一起探讨你生命中最重要的问题。很多人都渴望拥有这种深度的关系，但他们被恐惧阻拦了。

◎ 写日记

我的日记有两种类型。

第一种，我用电脑写日记，以此进行一些长期的规划，解决问题，提出和回答关于个人成长的疑问。有时候，个人日记里的内容会变成之后博客文章的来源。多亏了电脑的搜索功能，我能够快速找到之前遇到过的问题的解决方案。

第二种，我用活页笔记本来写日常工作日记。我写下每天的待办事项清单，在工作的时候随时都会记录。大概每周一次，我把日记本中写的条目汇总在自己的主要待办事项列表中，这样我能确保我每天想到的事情都能被纳入长期计划——不漏掉某个重要想法，但也不会因为每天产生的随机想法而分心。

以上两种写日记的方法，可以让我看到自己在个人成长、生意发展方面取得的真正进步。

以上这些习惯的共同点是它们都让我保持清醒。它们赋予我能量、资源以及清醒的认知，让我得以追求自己最向往的那些东西，不至于滑落到低认知状态的生活中。这些习惯构成一个基础，让我有能力选择每天要怎样度过，而不是任由自己之外的某些力量去进行这些选择。

这些习惯没有一个是非常复杂的，但它们中的大多数都需要付出认真的努力才能建立。然而，一旦它们被建立，它们就可以进入自动维持的状态。如今我已经把它们视为自然而然的基础习惯。

请现在就做出决定，建立一个能够优化你生活的习惯。然后，开始一个"30 天尝试"，逐步调整，尽一切努力去完成 30 天的尝试。这样一次短暂的努力，最终的回报会超出你的想象。当建立起几个新的习惯后，你的日常生活将变得大不一样。

你若不想做，
总能找到借口

我有许多没钱的朋友，也有许多有钱的朋友。

没钱的朋友最喜欢说的借口是：我没有足够的钱，所以……

而有钱的朋友最喜欢说的借口是：我没有足够的时间，所以……

每个人都能想出一个借口来避免采取行动，他们的借口看起来总是很有道理。

真正的实践者和空想者的不同之处，并不是实践者已经解决了这些问题。人们常常没法赚更多钱来避免"没有足够的钱"，也没法创造更多时间来解决"没有足够的时间"。

行动者获得成功的关键，在于他们意识到自己是在找借口，而且下决心不再这么做。他们意识到，只要自己还想找借口，那就永远能找出数不清的借口。

你永远都等不到"完美"的时机，你永远都不会有"足够"的钱，从来如此。

但是，不管这些借口看起来有多"合理"，都阻挡不了那些真正下定决心想改变的人。

就算解决了经济问题或者时间问题，人们也不会马上开始行动；只有在放弃了那些自欺欺人的念头、放弃了找借口的愚蠢行为时，他们才会真正开始行动。

◎ 别管那么多，直接上台

今年夏天，我参加了埃德蒙顿和温尼伯的艺术节。其间我看了 57 场舞台表演，估计比之前看过的所有舞台表演加起来还多。我看了喜剧、小丑表演、谋杀剧、讲故事、诗歌表演、现代舞、成人秀、杂技等等。

我参加这些，主要是因为自己喜欢独立剧院表演，所以想进行一次沉浸式的体验。

通过和表演者聊天，我清楚地了解到一点：他们也需要克服懒惰、胆怯以及各种障碍——只有这样才能真正走上舞台，去表现一些真正有价值的东西。只不过，他们不是选择给自己找借口，而是专注于真正有创意的事情。

你不一定要彻底清除自己的借口；你只需要合理控制，让它不阻止你行动就好了。你可以把注意力从借口上转移，把精力集中在真正有价值的创意上。

任何人都可能会被恐惧和犹豫阻挡着前进。即使是一些顶级的表演者，也会在上台之前感到紧张。所以，有时候你会看到，他们在刚开始一分钟里满头大汗、双手发抖，或者声音沙哑。

然而，他们还是上台表演了。为什么？因为他们控制住了借口。

如果你不跨出这一步，你就什么也得不到。没有反馈，没有收入，没有成长。

◎ 行动，行动，行动

没时间，没钱，没有好创意，不够聪明，没有技术思维，要照顾孩子，白天工作太忙了，没精力，家人不同意，被罗伯特海盗船长抓走了……不管你最常用的借口是什么，它都不足以成为你放弃行动的理由。无论如何，行动吧。

你需要的那些时间、金钱、精力、支持，你一直都有。

让你的旧世界崩塌

我经常收到人们关于职业和生活方式转变的倾诉邮件。他们的故事不尽相同，但其中有一些典型的共同点：

· 对当前的工作或者生活方式感到不满（或者感到缺乏意义）
· 感觉自己正走在错误的道路上（可能已经很多年了）
· 感觉自己在没有目标地重复前一天
· 对当前的处境感到有压力（有时候一想到去工作就害怕）
· 感觉有某些东西需要改变，而时间在一点一点流逝
· 感觉很难推动一些事情往前走
· 想要用一种充满激励、意义和满足感的方式来做出贡献
· 想要赚取一份至少能负担日常花费的收入

大多数时候，他们面临的困难也会有一些共性，通常包括下面的一个或者多个：

· 感到有财务压力（特别是来自待付账单和债务）

· 感到自己有责任在财务上支持他人，如配偶、未婚夫 / 未婚妻、父母、兄弟、室友……

· 担心如果做自己热爱的事情，收入会很少，或者需要较长的时间才能获得不错的报酬

· 担心自己不具备在其他地方获得更好的收入的技能

· 感觉自己的能量比较低或者不够持续

· 感觉没有动力

· 感觉沮丧、意志消沉

· 感觉很挫败

注意到没，上面两个清单里全是些"感觉"。

但有趣的是，当人们最终挣脱束缚、开始走上新的职业道路时，他们经常会给出下面这些反馈：

· 感觉解脱

· 感觉自由

· 感觉自己变得更聪明了，似乎确实做出了正确的选择

· 感觉对未来充满希望，期待更进一步的提升

- 感觉终于结束了过去的道路，毫无留恋
- 感觉全然接纳需要面对的挑战
- 感觉充满力量和勇气
- 感觉终于走上了一条明智的道路
- 感觉兴奋而乐观
- 感觉精力充沛、思维敏捷
- 感觉自己更有吸引力了（吸引他人，以及吸引机会）
- 认知水平提高了（感觉有更好的觉知，更有生命力，意识更清醒）
- 对环境的掌控力增强了
- 对其他新领域的渴望倾泻而出（更好的感情关系，更好的健康状态，等等）
- 想知道为什么这种转变在以前看起来是那么可怕（有时候会觉得，真希望自己早点做出了这些改变）

问题是，人们最初担心在改变旧生活后会出现的问题，有时候的确会出现。他们可能在一段时间里赚的钱更少了，有些账单可能付不起了，他们的未婚夫（或未婚妻）可能被吓坏了所以选择离去，他们可能失去了自己的房子。

这些问题有时候可以避免，但有时候它们确实就像预期的那样发生了。

◎ 坍塌之后才能重建

恐惧、担忧、挫败以及其他消极感觉，当它们被勇气、解脱、接纳以及自由等积极感觉替代时，有趣的变化就会出现。

这种变化就是，人们不再抗拒问题的发生，而是学会接纳它们的到来。更进一步，他们最终会发现，即使想象中最坏的情况发生了，其实也没什么。

这就是完成转变的关键。

你恐惧和担忧的情况很可能会发生，而当你能够让自己坦然接纳这一点时，当你不再把这当作非得避免的事情时，你就能做出更明智的选择，让自己从困境中解脱。

你也许会觉得，自己当前的财产和感情关系太重要了，你必须一辈子都死死守着，但这不是事实。

在道路的另一头，不是地狱和死亡，而是恢复。

如果你把你的财富和感情关系建立在一个不稳定的基础上，那当你不再筋疲力尽地维持时，这些东西就可能会崩塌。那就让它们崩塌吧，没什么问题。

有些人把这看作一种灾难，但其实并非如此。这是一次机会。

当你的旧世界崩塌时，你就能够恢复和重建了。你可以有一个全新的开始了，你可以做出更加明智的选择。

◎ 最坏的情况也许没那么坏

我的第一份生意就建立在一个不稳定的基础上。我坚持了很多年，但最终放弃了。和料想的一样，那份生意失败了。

我不得不终止办公室的租约，卖掉了所有家具和设备。因为付不起公寓房租，我被赶了出来。我付不起账单，还不起债。我破产了。

许多年来我都很担心，如果自己不苦心维持，这种情况还会发生。我的担心是对的，我当初担心的所有情况几乎都变成现实了。

但你知道吗？有过这样一段经历，实际上并没有多么可怕。这段经历反而还挺有趣的，其中的一些事情还挺轻松。

在经历这些事情的过程中，我感到越来越轻松，感觉对自由和生活的各种可能性有了全新的认识。以往的负担都没有了，各种被强加的义务变少了，也不再有更多的债务了。

最重要的是，我不再筋疲力尽地苦苦维持。生活变得更加轻松了。

我找了一个更便宜的、比以前小得多的公寓；我还清了债务；我学会了在自己的能力范围内生活——这些其实都很棒。

那些"地狱"和"死亡"都在哪里？那些只不过是想象中的感觉而已，现实其实并不怎么痛苦。

在那之后，我又经营起了相同领域的生意，但模式已经完全不同。我避免犯之前犯下的那些错误，新的生意也确实发展得很好，我每年都获益颇丰。

但是，我是先经历了第一次的失败，才有了后来的成功。

◎ 别再让自己筋疲力尽了

一些年后，同样的事情发生在我的婚姻中。我尽自己所能，在一条难以持续的道路上苦苦支撑。但最后，当压力变得过大时，我选择了放手，让它崩塌。

最终，我从中恢复过来了，前妻也恢复过来了。我们离婚了，但我们仍然是朋友，而不是敌人。事实证明，最坏的情况也并没有可怕到让人无法承受。

通过让旧的生活崩塌，我得以重新开始，去建立起新的生活。

再一次提醒：真正最坏的选择，是拒绝这种崩塌。这种经历有时的确会充满挑战，但这些绝对是可以逾越的。随着时间流逝，你会获得越来越强的解脱感。

在生活的其他领域，我也经历了很多次这种"崩塌"，多到足以让我相信，这种情况在未来还会出现很多次。在我看来，这不是一种需要避免的坏事，而是生活、学习和成长过程中一个自然的组成部分。

一次又一次，这种经历变成了一个必要的部分，它让我走出困境，让我能够重新开始。

如果你一直对当前的工作和生活感到内心充满冲突，如果你总是在筋疲力尽地苦苦维持，那就考虑放手吧。

试一试，让那旧世界崩塌。

你恐惧和担忧的很多事情可能确实会发生，但那也没什么。你最终会一步一步地解决它们。一些人已经有过类似的经历，而他们在道路的另一头都感觉挺棒的。你也会的。

你永远都可以赚到更多的钱，可以重新去购买喜欢的东西；或者更好的是，你甚至可以用更喜欢的东西来代替它们。又或者，你也可以选择生活得更轻松，根本就不需要这些东西。

你永远都可以建立起新的感情关系。这个世界上有很多很棒的人，而摆脱了那些已经让你筋疲力尽的事情，你自己也会变得更棒。

你也许会感到惊奇——当你不再像以前那样筋疲力尽地活着时，吸引到新的朋友和伴侣将会是多么容易的事情。

即使你确实还喜欢现在的一些关系，即使在停止让自己筋疲力尽后会失去这些关系，你也会重新找到真爱的。而在新的关系里，你会比以前更能感到真实的快乐。

你并不是非得艰难维持自己的旧世界。如果它总是让你身心俱疲，那就让它崩塌。去体验这种崩塌，总好过永远活在对它的恐惧里。

你想怎样度过
接下来的 5 年?

如果你处于一个没有工作的自由状态，你还会想要现在做的这份工作吗？你会渴望去申请它吗？

从整个职业生涯的角度来看，如果你从来都没有在当前的行业工作过，你现在会清醒自主地选择投身其中吗？

很多人都只是偶然从事了自己当前的职业，而不是进行了清醒自主的选择。比如，我自己早年就是偶然从事了编程工作。10 岁的时候，我上了一个 BASIC 语言的课，自己很喜欢，从那时开始，我不断学习，最终拥有了计算机科学和数学双学位。

我的父亲是一个航空工程师，母亲是一个大学数学教授，所以我走上这条道路当然也没什么家庭阻力。我甚至都不记得，自己是否还真正思考过其他的选择。可能我命中注定就是一个程序员吧。

　　然而，这并不是什么"命中注定"，这只是一种惯性。在职业选择这条道路上，其实很少有清醒自主的选择，它只不过是众多道路里阻力最小的那条而已。

　　但是，阻力最小的路，往往不是结果最好的那条——虽然某些"精神导师"竭尽所能地想把它描绘成最好的那条。一些没有经过清醒自主选择的东西，确实会出现在这条阻力最小的道路上；但这并不意味着，对清醒自主的人来说它是一个正确的选择。

　　你的清醒意识会让你选择其他道路，在这些道路上你会遇到阻力，但最终你会克服阻力。你可以选择阻力最小的路，逃避困难；你也可以选择直面阻力，然后变得更强。

　　对职业选择来说，你并非只能局限于你一直在做的事——只是因为它对你来说很"方便"。你同样拥有选择，选择去做一些完全不同的事情。如果你还没有做某件事的技能，那你完全可以选择去学习这项技能。

　　人们经常会退缩，他们把学习新技能所需要付出的努力看得太重了。人们说："可能得花上 5 年时间，我才能在一个新职业上达到自己现在的水平！"

　　你猜怎么样？那可能是真的。但花费多少时间根本无关紧要，这 5 年反正都是要过去的，你可以把它用在当前的职业上，或者你可以把它投资在向新职业的蜕变上。这仅仅是用一个新版本的 5 年，替换掉一个旧版本的 5 年。

哪一个版本会让你在 5 年后处于更好的生活状态？

当初我想从游戏开发领域转向个人成长领域时，也面临着这种内心的阻力。我对自己说："我在当前的事情上已经做得很好了，现在的工作既安全又稳定，我怎么能放弃过去长期从事的工作，重新开始一些完全不同的事情呢？我没法登上舞台以演讲为生，我的演讲技巧不够好，我对演讲相关的生意几乎一无所知……如果我尝试进行这么大的转变，那一开始收入肯定会下滑，我要花好几年才能打造新技能，建立起信誉，创作出和我在当前游戏生意上同样水平的作品……这太疯狂了，我干吗要开始这种事？"

但是，"时间反正都会过去"这个观点深深地打动了我。我把这个问题看作一个选择：我是以这种方式度过接下来的 5 年，还是以那种方式度过接下来的 5 年？

过去的已经过去了，过去建立起来的惯性无关紧要。真正重要的，是摆在我们面前的选择。我可以看到一个相当清晰的画面，如果自己在未来 5 年继续做游戏生意，会是什么样子。我也大概能看清，如果自己在未来 5 年开启一份全新的个人成长方面的生意，又会是什么样子。虽然我不可能预测出每天的详细情况，但大的方面完全可以看到。

在电子游戏这条道路上，我将会继续发布各种游戏，想象 5年后自己的样子并不是什么难事。而在个人成长这条道路上，我将会写作、演讲、创作知识类作品，这需要在一开始投入大量时间，而且只有微薄的收入。想象 5 年后自己会拥有什么样的生意，这也不是什么难事。

当我问自己更想在 5 年后拥有哪一种生意时，答案是，个人成长。这可能不会让你吃惊，同样也没让我吃惊，但让我吃惊的是，自己还预料到了一点：在个人成长道路上度过接下来的 5 年，这种生活方式本身就更加有吸引力。我不只是更喜欢最终的那个结果；根据直觉，我认定自己也将更加享受这条道路上的生活本身。

这会很有挑战性，刚开始我会遭受收入上的打击，但我觉得没有关系。我想，自己觉得最有吸引力的，是可以在个人成长的道路上不断进步、学到更多知识，而不是在电子游戏道路上这么做。这看起来更冒险，也更让我激动。

请把"你想要什么"和"你认为自己可以得到什么"这两个问题分开。5 年是一个足够长的时间，即使你今天从零开始，5 年的时间也足够让你取得进入几乎任何专业领域的资格——你至少可以非常接近。你可能没办法成为一个神经外科手术医生，但经过这几年的积累，你至少可以去从事相关领域的一份工作。

我承认，如果从游戏开发商转变成专业演讲者，一年之内我可能达不到自己原有的收入水平——至少在没有进行某些巨大冒险、碰上某些不寻常的好运，同时可能还要在台上做比较一般的演讲时，是达不到的。但是，在 5 年的时间里，只要我努力，我就能在演讲上拥有较高的专业水平，创作出大量的好作品，发布很多产品，建立起信誉，并获得足够的收入。

现在，我已经在这条道路上走了 10 个半月了；如果我保持和现在差不多的进步速度，我应该就能在接下来几年里实现上面说的所有目标。如果时不时碰上额外的天才灵感或者运气，那还会实现得更快一些。

如果你发现自己所做的工作、所在的职业轨道，并不是你自己在清醒自主的情况下会去选择的，那第一步就是向自己承认这一点。下一步，选择其他你想要做的事情。

你的新选择甚至不一定要是绝对最好的——它只需要是一件你合理地相信将更加适合自己的事情，只需要是一件你会清醒自主选择的事情。

然后请承认，如果你想转换职业，那也许会花一些时间。可能会是 5 年，甚至更长；但也可能并不像你想象的那么长。你可能会感到吃惊，自己在当前职业上积累的技能，可以对新的职业产生推动作用。

比如，没有多少专业演讲者会在互联网营销、博客或者搜索引擎优化上知道得跟我一样多——事实上，他们中的大多数对互联网完全没有头绪。因此，对其他专业演讲者来说非常耗时、高成本、让人困惑的事情，我却可以利用自己在互联网方面的技能，快速而低成本地完成，如搭建高流量的网站，或者销售可供下载的产品。

我觉得，就算你要从律师转变成演员，你也可能会找到一个显著的重合技能，可以在新的职业上助你一臂之力。比如，你也许是一个更好的谈判者，或者你甚至可以给新来的同行修改合同，从中赚一笔外快。至少至少，你更加成熟和富有行业经验，这也能让你具备一些优势。

花点时间去想一想，如果你转换到一个新的职业，接下来的5年会是什么样子？你已有的经验怎样变成自己的优势？你可以接受在一开始收入减少吗？你能把这几年看作精彩探险的一部分，而不是看作一项无法承担的挫折吗？你可能在这条道路上结交怎样有趣的新朋友？你可能在这条道路上享受怎样的新体验？你将为自己和他人创造怎样的美好？你能想象自己每天早上都兴奋地从床上跳起来，而不是疲惫地按掉闹钟吗？

我自己转换到新道路上也就只有10个半月，所以我没法告诉你5年后会怎样。但是，我可以向你分享我当前的情况。实话实说，真是太棒了。你可能会觉得转换职业的第一年是最艰难的，但只有从一个非常肤浅的角度看才会是这样。

当然了，我不得不做出一些牺牲。我放弃了一些如果继续全职做电子游戏开发便可以轻松取得的收入；我的车已经跑了超过15万英里；我花了几个月来写作和演讲，全是无偿的。这些事从外部来看会挺艰难，但让我惊奇的是，它们其实从来就没有真正艰难过。事实上，好像在外人看来倒更加艰难，对我自己却不是这样。我相当享受这个过程，自己的进步也比预想中要快。

在初始阶段，我想象自己就是走在一个隧道里。我觉得必须辛苦工作，以便尽快跨过这个艰难的过渡期，这样我就能到达某一个点，而在这个点上我才能看见这条隧道前方的光亮。

但实际情况是，几个月之后，我发现这条路本身就已经是明亮的了。我没有必要匆忙地到达某个未来的点，因为当下的情况本身就很完美。所以我放弃了这个"隧道"的比喻，明白了当下本身就已经是我想要到达的地方。

我这么说的意思是，我正在用心去品味当下的每一天，而不是把这过渡期视作一个需要熬过去的艰难阶段。我从当前的工作中已经能获得如此多的快乐，以至于某些"未来回报"几乎已经没必要了。我不需要看到 5 年后某些巨大的财富回报，好让自己确信当前的选择是正确的。

虽然过去 10 个半月里我在新生意上赚的钱，还不如在游戏生意上一周赚的多，我依然觉得自己现在比以前更加富有。我相信，只要自己保持内在心境去工作，外部世界的成就迟早会显现出来。

我觉得，整个"收入问题"（我怎么养活自己和家庭），恰恰就是把很多人困在一份错误工作上的原因——对那些以"养家糊口"为荣的男人而言，尤其如此。

但是，请反过来想想，那些钞票从你这里收买了什么？如果你可以选择，选择重新去过这样的生活，或者去过别样的生活，你会再次做出同样的决定吗？

　　你的生活正在给予你丰厚的回报，还是你正在苦苦等待着隧道尽头的光亮，只有在"那里"你才能够真正开始"生活"？

　　你现在身处何地——光明中，还是隧道里？

尝试充满灵感的一天

你是否曾在一段时间里，非常想探索某个全新的领域，拥有新的技能或者兴趣爱好？

如果你有足够的时间，你想去尝试什么？音乐？编程？网站设计？经营一份生意？露营？新的锻炼方式？更好的饮食？新的社交圈子？

但是，很快你就会跟自己说"算了吧"，对不对？

你还可能会告诉自己：

·我现在还不能尝试新东西。

·我有太多事情要做。

·我得承诺把这件事做到某种程度，但我可没有那个时间。

·我还没准备好做出改变呢。

可是，并没有人逼你做出这些承诺呀！

在这个时间点上，"承诺"根本就没什么必要。为什么不能简单地尝试一下你的新兴趣？给它一天时间，看它能不能真正吸引你。

拿出一天时间去探索你的新兴趣，只是一天。在这一天里，让它引导你，看它能不能吸引你继续探索下去。

打开手机上的 GarageBand 软件，尝试写出这辈子第一首歌。它可能很难听，那又怎样？那是属于你自己的创意作品。

用手机拍点视频，打开 iMovie（苹果设备上的视频剪辑软件），创作你的第一部电影。通过实际操作，你会学到很多东西。

去一个美术用品商店，告诉店员你想尝试画画，让他们帮你挑选少量的颜料，够你画一天就好了。然后，拿回家，画上一天。看看你会有什么样的灵感，也许你比自己想象的更有创意。

花一天时间去做调研，通过阅读去了解一个全新领域——那个最近总让你心心念念的领域。

到外面去，逛逛你平时不会去的商店。和销售员聊聊，把你能想到的所有问题都问出来。在这一天里，成为你能成为的最好的专家。

花一天时间去尝试纯素食，你就能为地球省下比你洗一年澡还多的水。网上有成千上万的免费素食食谱，上谷歌搜一下就好了。列一个购物清单，做一顿大餐，好好享用吧！

阅读相关材料，学习使用健身房里一个你从来不用的器械，学些自己能做的动作，然后尽全力练上一次。这能给你带来满满的成就感。

你打过网球吗？飞盘高尔夫呢？那些球具其实很便宜的，去试试自己的第一次吧。

在这沉浸式的一天过后，你会成为一个和以往稍微不同的人。你将对自己的兴趣有一个全新的了解，你已然变成了一个更有经验的人。这个时候再来判断一下，自己是不是要把这个兴趣继续下去。

也许，这一天就是你需要的全部。你满足了好奇心，发现这个兴趣并不适合自己。这是个好结果，因为你不用在接下来的几年里不断被心里的念头困扰了。

也许，这一天引出了更多的疑问。你尝到了一点乐趣，但这不够，你还想要更多。那么，就过上更多这样充满灵感的一天、半天、四分之一天……或者其他任何你需要的时间长度，去继续你的探索，去学到更多。

也许，这一天满是惊喜——充满了快速的学习和激励人心的进步。你穿过一道门，发现了一条全新的道路。棒！那就继续走下去，让这份灵感不断地给你带来动力。

如果这一天没有任何东西打动你呢？好吧，你可能是没有仔细地倾听。如果你听不到内心灵感的声音，那就把其他声音调低一点。

关掉那些让人分心的东西——比如响个不停的手机。静静地坐着，花上一个小时，就只是倾听。感受你的人生，你的生活方式，你的工作或者学业，你的感情关系，你的财务状况，还有你的身体。

倾听你内心的声音，听听自己到底在想些什么，去体察你的感觉。

是什么推动着你去改变和成长？什么让你感到自己的内心在被拉扯？哪里让你不满意？哪里让你很失望？哪些因素让你想要尝试一些新的、不同的东西？

也许你已经背负了很多承诺，也许你很忙，也许你有一些很巧妙的借口。不管怎样，给你内心的灵感留下一个小出口吧——只是你所有时间里的一小块。

否则，它会戳动你，会困扰你，最终你只会满是后悔。

给你的灵感一天时间，让它证明给你看。

把灵感的盒子打开吧，向里面看一看。去倾听，去体会，去探索。

如何吸引到
追求成长的朋友?

　　我之前做的一个调查显示,我的读者中有 40% 的人认为,他们没有正在追求成长的朋友,还有 20% 的人只有一个这样的朋友。

　　有很多喜欢我文章的人,他们在追求个人成长的道路上其实得不到多少支持。当探索着让自己变得更加清醒自主、更快成长和过上更满意的生活时,他们经常感到自己被孤立了。

　　他们成了朋友圈里的怪人。

　　过去这些年里,我收到了很多邮件,那些追求成长的人遇到了很多问题和挑战。追求自己的个人成长目标,同时却还要面对社交方面的拖累,这是很多人面临的一大问题。

　　而最大的困难也许在于，当朋友、家人、同事都无法理解和尊重你在追求的东西时，你还得去处理随之而来的自我怀疑。

　　有时候，你主动提高生活品质的决定会激起周围人的反对。人们有时会被激怒，有时会感觉受到了威胁，有时想缠住你不放，甚至想拖慢你的步伐，而这些反应通常都发生在潜意识层面。

　　你可以试着向这些人解释你所做事情的好处，你可以试着不让他们的抵制态度影响到你。但从长期来看，你最好的选择是打造一个追求成长的社交圈子。

　　在这个圈子里的朋友，他们可以理解、保护和支持你的追求；他们能让你超出自己原本的预期，而不是让你根本无法发挥自己的潜能。

◎ 追求成长的朋友圈

　　追求成长的朋友圈是什么样的？它能给你带来什么影响？

　　这个圈子给你带来的最大好处，就是你会拥有喜欢你真实样子的、真正的朋友。他们知道追求个人成长的好处，他们会很自然地喜欢和你交流。你们之间的谈话会很简单自然，你不需要解释为什么自己要进行一些个人成长的追求。

　　他们跟你很像，他们都懂。

　　当你遇到困难时，你总是可以给一些人发邮件、打电话，或者见面探讨一下自己的情况。朋友们会很高兴给你一些建议，他们会给你分享资源，他们会主动告诉你有一些新机会你可能会感兴趣。

与那些只会给你发网络八卦和猫狗图片的人不同，这些朋友会给你分享有用的、与你目标一致的信息。他们知道你的目标，所以当看到某些可能给你带来帮助的东西时，他们会告诉你。

你知道吗？我生意上的每一个收入流都是通过朋友获得的，没有一个完全是我自己"独创"的点子。我会具体负责某个创意的执行，但最初的点子都来自别人。其他人告诉我哪里有钻石，所以我就不用自己去勘探一遍了。

我当初甚至都不需要给自己的书找出版商，因为在我一页都没写出来的时候，一个出版商朋友就跟我敲定了这件事情。

我都没法估量，拥有一个追求成长的朋友圈，这件事已经为我省去了多少时间，而这些益处今天依然存在。无论我想做什么和个人成长相关的事情，都会有人给我提供帮助。这种影响是巨大的。

想象一下，你有个不断分享方法去创造收入、改善健康、完善情感关系……的朋友圈，那会是什么感觉？追求成长的人很自然地在做这样的事。

但是，在向你分享这些信息之前，他们需要确定你和他们是一类人。身处这种圈子里的人，他们不想把时间浪费在不会采取实际行动、不会让能量流转的人身上。

当你有很多追求成长的朋友时，你不会对自己的追求产生那么多怀疑，你会看到很多人都在证明这条道路的精彩。你会收到积极的鼓励和支持，朋友们会监督你，让你保持在良好的轨道上。他们也会关心你在做的事情，而且希望能够向你学习。

生活会不再那么充满挣扎。

当你感到挫败时，大家会鼓励你；当你有了新目标时，大家会跟你分享信息和资源，让你朝正确的方向前进。你不用自己解决每一个问题，有些人甚至在你遇到问题之前就帮你把问题解决掉了。

当你有一个以成长为导向的社交圈（不断优化的朋友圈）时，它会让你与更多同路人建立连接，即使在旅行时也是这样。随着朋友圈不断扩大，它会变成一种资源，让你无论去哪里都能联系到聪明且追求成长的朋友。

我在卡尔加里，这是我第二次来这里。但是，在一个小时的早餐时间里，我已经和几个朋友兴奋地探讨了一些关于"现实世界的主观性"的问题。晚上我会去和另外一些朋友聚餐，我们还会进行一段视频采访。

类似这种交流很容易就能够获得，即使我到一个从来没去过的城市也一样。当你有一个足够大的、由很多追求成长的人组成的朋友圈时，你走到哪里都可以通过它来建立连接关系。我觉得这一定程度上可能并非因为朋友圈本身，而是因为你自己对拥有成长导向的朋友的期待。你自然地期待能够有这样的经历，所以你就这么做了。

当然，拥有一些好朋友——喜欢你真实样子的、真正的朋友，这件事本身就有很多好处。会有人跟你一起度过时光，分享欢乐和拥抱，等等。

和这些朋友出去玩，你不需要戴上一副社交面具，或者隐藏自己的一部分个性。你可以谈论任何你认为真正有价值的东西，你可以谈论你的人生目标，谈论现实世界的本质，谈论提升效率的方法，你可以谈论所有关于你成长的事情。

很显然，这些好处会让人感觉很棒，但你怎么得到这些呢？

◎ 做个给予者

想吸引到追求成长的朋友，最好的方法之一就是向这个世界证明你是个追求成长的人，而一个很好的做法就是帮助别人成长。

别只把注意力放在你个人的成长上，也要把一些时间和精力投入到帮助他人上。这会迅速改变你的社交圈子。

在我对个人成长产生兴趣的最初几年，这几乎是一项私密的追求。那些年我读了几百本书，参加研讨会，练习各种技能，写出"人生使命宣言"，分析自己的过去，等等。我做了很多向内的探索。我偶尔也会帮助别人，但仅限于一个很小的范围，如在论坛上讨论一下，或者发个邮件。我并没有把努力帮助别人作为自己生活的一部分。

大多数时候，我还是朋友圈里的怪人。我经常感到自己比周围的人更有"野心"，但我缺少一个能给我指路的老师。我一直很努力，试着去做出最好的选择，但我真的是一路挣扎，特别是在生意领域。在 1999 年，我破产了，因为我为了维持生意而欠了一屁股债。

但我用一种非常开放的心态来看待这段经历。破产实际上是一种解脱，它让我得以重新开始。

我还是很想做一个企业家，但我知道自己不能把接下来 5 年过得和过去 5 年一样了。我对自己过去的想法提出了挑战，开始探索和以往不同的新方法。我知道反正自己也没什么可损失的，因为很显然过去的方法并不管用。

这些新的探索之一，就是在一家商业协会里做志愿者，写文章，向外去帮助别人。后来我就为独立游戏开发者们创建了一个免费的论坛，我也开始在不同的会议中做公开演讲，分享自己的各种想法。

我从自顾自地追求个人成长，变成了尝试在公开领域给别人更多的帮助。当我这么做的时候，我的生活发生了巨大的转变，我的生意也开始顺利起来了。

在一年左右的时间里，我的生活里就充满了各种追求成长的朋友，而这全是从我努力帮助他人成长开始的。

从 1999 年到 2004 年，我做了很多服务性的工作，而这最终在 2004 年把我引向了博客写作。我的博客一开始就发展得很好，但很多人没有意识到，我在这之前已经积累了 5 年。在我发布第一篇博客的时候，我在其他网站上发表的文章已经吸引了上千名读者。

所以，当我最终决定开始写博客文章时，我获得了很多社交上的支持，而这种支持让我的转变容易了很多。

我依然有一些社交上的拖累。很多游戏和软件开发者觉得"个人成长"是件低劣的事情，所以当我决定创建关于个人成长的博客时，他们中的一些人表示很怀疑。

但是，即便是这些批评者，他们也喜欢努力实现个人成长，他们只是没给这种努力贴上明确的标签而已。他们更喜欢"教育""技能打造""社交动力""自我量化"这些标签。似乎一个标签越带有"科技感"，他们就越喜欢。

但说到底，这些还是个人成长，只不过换了个说法而已。

这种社交上的拖累也没什么影响，因为我得到了足够多的、积极的社交支持。这些积极支持就是你应该投入注意力的地方。

如果总是想说服那些消极的人和你同行，你只会浪费大量的精力，而且很可能还收效甚微。

如果有人每周都跑到你面前，搅起你的自我怀疑，无休止地向你叽叽歪歪，那就别犹豫了，放弃这些显然没法和你保持和谐一致的社交关系吧。

通常更有效的做法是，专注于增加积极的社交支持，而不是困扰于那些没法给你所需支持的人。

◎ 别再说什么"忠诚"了

那"忠诚"怎么办？即使老朋友们不支持我们的个人成长，难道我们就不该对他们保持忠诚吗？

关于"忠诚"的问题，似乎只在我们被消极社交拖累时才会被问到，而沉浸于积极社交中的人似乎从来没问过所谓"忠诚"。为什么？

忠诚是一种被迫的义务，这个词本身就是个陷阱，常常被那些过度依赖别人的人利用，来"强化"那些在恐惧基础上建立起来的关系。真诚的关系是带来共赢的自主选择，而不是带来压迫的所谓义务。

你想让你的朋友或者伴侣是基于"义务"才和你在一起吗？那就是你想要的"忠诚"？

如果不是，那你自己就不要变成别人的这种朋友或者伴侣。请对你的最佳自我保持忠诚和真实，寻找那些和你的最佳自我相一致的社交关系。对你的价值观保持忠诚，也让别人对他们的价值观保持忠诚吧。

去寻找这样的朋友——他们对于自己的价值观的忠诚，远超过他们对你的价值观的忠诚。而那些把感情关系置于他们最高价值观之上的人，反正也不是你可以真正信任的。

你要想清楚对你来说什么是最重要的价值观，然后尽最大的努力去活得与这些价值观一致。

如果你热爱成长，那你就主动地去追求成长。别把你内心最珍视的价值观藏起来，你要让这个世界看到你真实的样子。

否则，其他追求成长的人怎么能认出你来？

◎ 追求成长的人也在寻找你

这世上有很多追求成长的人，但如果你不公开站在他们的一边，你就很难找到他们。

如果你总是躲在暗处为个人成长而努力，这些人就很难发现你，因为你看起来和其他人没什么区别。

所以，你得让这些人能够认出你。只要有一个这样的人把你认出来了，那么接下来的一份邀请就能打开一个全新的社交圈子，这里全都是追求成长的朋友。

我感到相当惊讶，在我开始公开自己是他们中的一员时，其他追求成长的人是如此快地出现在了我的生活里。

这一切始于我在"软件行业简讯"中发布的第一篇文章，署名处附上了我的邮箱，于是一些人给我写了回信反馈，表达感谢。

当我继续在这条路上走下去时，一种滚雪球效应就产生了。我越多地通过公开写作表达自己的价值观，就有越多想法相同的人找到我，然后把更多人脉资源分享给了我。

如果你是一个追求成长的人，你有丰富的、动力满满且追求成长的社交圈子。然后，你发现了一个有相同价值观的人，他似乎还在孤独前行，还不知道拥有这样的朋友圈后生活会变得多么精彩，你会怎么做？你会保持沉默，让那个人继续挣扎？还是会伸出援手，给他发出一份邀请？

相应地，如果你想要收到这样的邀请，那就请变成那种愿意帮助别人的人。你可以从今天开始就这么做。如果想表明自己可以很好地匹配那些追求成长的社交圈子，那这应该是你能做出的最有效的改变了。

相反，如果你相信自己现在帮不了任何人，那明年你可能还是会这么觉得，第三年也一样，永远都一样。然后那些追求成长的人也就会继续忽视你，因为你看起来过于沉浸在自己的小圈子里了，似乎和他们并不匹配。

当你拥有一个由给予者组成的朋友圈时，个人成长就会变得更容易也更高效。你在一个圈子里看到越多的给予者和贡献者，那其中的每个人就成长得越快。

所以，这是这些圈子里的人的一个常识。他们排斥那些从来不给予、从来只关心自己的人，因为这种人会弱化这些圈子的能量。

◎ 现在就开始给予

用你感觉美好的方式去给予，这一点很重要。

如果你觉得自己牺牲了太多，或者觉得努力得不到欣赏，那你就没法真正做好这件事。你可能需要花一些时间，去找到真正适合自己的事情。

我热爱写作。对我来说，写作就像一种冥想。把写作和互联网生意结合起来，这对我来说就是一件很棒的事情，但对另外一些人，这可能就不太适合。

如果写作让你感觉很痛苦，那你也许更喜欢其他给予的方式，如一个一个地去帮助别人，做志愿者，录制音频或者视频，创建论坛，或者组织线下见面会，等等。别觉得你应该去复制其他某个人的做法。

请明白一点：你不需要成为一个专家才能去给予。

在我自己的生意做好之前，我就开始写关于经营生意的文章了。我和做得很好的人聊天，把他们的习惯以及方法拿来和那些做得不太好的人进行对比，而写短小的文章也是我梳理这些知识的一个很好的方式。

通过公开分享这些思考，我收到了很多反馈，这反过来又能完善自己最初的想法。我也受到了人们很多鼓舞，看到他们把这些点子用在了自己的生意中，而且取得了很好的结果。

我没必要假装得比实际情况更成功，但我依然可以整理和分享别人的经验教训。很多成功的博客作者和音频播主都是从这个方法开始的。

有时候，你分享的一个简单的建议或者观点，可以给某个人的生活带来深远的影响。

比如，那些赢利情况更好的独立软件开发者，通常会用50%的时间去做市场营销；而情况不太好的开发者通常只用了不到20%的时间（经常是不到5%）。

很多在生意上做得不太好的开发者，他们其实在技术上很强，但他们没有花时间去学习市场营销和销售的知识。仅仅通过我分享的这个观察结果，很多开发者改变了他们的时间分配，然后就看到了销售额上的显著增长。我也把这个方法应用在自己的电子游戏生意上，得到了不错的结果。

你可以通过投入精力、做一个好的倾听者，最终成为某种程度上的专家；你可以进行调研，分享你学到的东西；你可以自己亲身尝试，然后分享最终的效果。如果你坚持做这样的事情，你就会变成这个领域真正的专家，你会吸引到很多聪明且追求成长的朋友。

别觉得你必须先完成某些伟大事迹才能去帮助别人，你今天就能找到一个方式帮助别人。去逛一个论坛，去参加一个小组见面会，然后从你能做的开始吧。

用你感觉美好的方式去给予，但别变成一个对任何要求说"Yes"的"取悦者"。取悦者只会把精力浪费在低价值的、无法被真正欣赏的事情上，而不是寻找有意义的、能满足和激励他们内心的事情。他们让自己分心于零星的废料，而不是搭建一座真正的花园。

随着时间流逝，决定如何帮助他人也会变得更加困难。你给予得越多，你越会得到机会去给予更多，最终你就需要对一些本身还不错的邀请说"No"了。

尤其在今年，我不得不拒绝一些以前可能会蹦蹦跳跳去参加的活动，只有这样我才能专注于更符合自己价值的事情。为了做更好的事情，拒绝一些已经算是不错的事情，这从来都不容易。

专注于自己的事情，这也有社交上的原因。当你吸引到很多追求成长的朋友时，下一个挑战就是找到和你最远大的目标更一致的朋友。否则，你会感觉自己在被拉向很多不同的方向。

追求成长的朋友们有很多不同的兴趣，这在特定阶段是件令人兴奋的事情。但最终，你会需要一种友谊——它可以帮你专注于自己最大、最重要的那些目标。

◎ 给予更多，成长更快

要让你的给予和贡献与你的个人成长相匹配。

要确保你的给予可以为你带来一定的成长和提升，别让这种给予方式把你变得迟钝而停滞不前。

请不断提升挑战水平。

比如，在开通博客之前，我每年大概只写 5 篇文章；但在开始写博客之后，我每年平均会发布大概 100 篇。再如，2004年我做 7 分钟的演讲，到 2009 年我就在组织为期 3 天的学习班了。

如果你不断提高挑战水平，使其和你个人成长的进度相匹配，你就不太可能感到无聊或者想放弃。

要不断提高你为这个世界做出贡献的标准。通过帮助别人，不断寻找方法让自己变得对别人更有帮助，在更深的层次上帮助别人，或者帮助到更广范围内的人，又或者两者都有。

请寻找机会让你的贡献在深度和广度上得到拓展，别止步不前。

你在做出贡献上越有"野心"，你就越能吸引到更多价值观相同的人，而他们又能给你带来更多激励与支持，让你更进一步。这会让你跨越原本的社交拖累，你会遇到一些真正的朋友，他们强烈赞同你在做的事情，他们愿意看到你成功。

当你看到自己的社交支持在逐渐耗尽时——这时不时会发生——这恰恰是一个好的信号，它告诉你该提升自己的水平了。

也许你需要提高标准，去解决一些更有挑战的问题；或者你需要改变做出贡献的方式，去重新找回那种意义感和目标感。

◎ 发出邀请

对于打造充满能量的朋友圈，我的最后一条建议是：主动发出邀请。

别总是等别人来找你，除非你想让自己的社交圈子变成荒漠。当你发现某个追求成长的人，你想和他成为朋友，那就发出邀请。

而且，要让别人很容易能找到你，尤其是以面对面的方式。

我的一个办法，是在自己的网站上做一个"亲自见面"的页面，我还做了一个相应的"常见问题解答"，让可能感到有点不好意思的人能轻松一些，尽我所能确保他们得到温暖而友好的接待。

每个月我都会进行几次见面活动，我还做了一个地图，上面有我经常和人见面的星巴克的地址。总在同样的地点见面会有些无聊，所以我偶尔也会换到别的地方。

重点是，要减少中间的障碍，让同路人可以很容易地与你建立连接。我在网上做的事情影响了很多人，这些见面会也让我接触到了这些实实在在的人，而不只是通过虚拟网络去交流。

你上一次邀请一个追求成长的朋友一起吃饭，是什么时候？这只用花一分钟发个信息就好了。如果你习惯了这么做，那就意味着你能和有相同价值观的朋友进行更多面对面的交流，这也意味着你会得到更多的邀请。

去搭建一个充满能量的朋友圈，去努力成为配得上这种朋友圈的人吧。

去做一个给予者，积极地为他人提供帮助，把你一路上学到的东西分享出去吧。

请试着去深化和拓展自己的贡献。

请开放地表达自己的价值观，别藏着掖着。你很可能会收到来自某个人的邀请，然后进入一个全新的社交圈子，这里全都是很棒的朋友。

所以，请尽量让这些朋友能够把你辨认出来。去做那种会给其他追求成长者带来激励的人吧。

优化你的习惯

你在年轻时建立的习惯、进行的实践，会带来
一系列的结果。

30 天实验

有一种很有效的个人成长方式，叫作"30 天实验"。这是我从软件行业学来的概念——一种软件，为了吸引用户，通常可以让客户先下载软件的试用版本，并免费试用 30 天，30 天后才需要购买完整版。这 30 天的试用期，就是在培养用户的使用习惯。

对养成新习惯来说，这也是一种很好的方法。而且最棒的是，它实在太简单了。

可能你想建立一个新习惯，如开始新的锻炼计划；或者戒掉一个坏习惯，如抽烟，等等。

我们知道，对养成这些新习惯来说，最难的其实是真正开始，其实就是刚开始做的几周。一旦你克服了自身的惰性，开始付诸行动，那继续坚持下去就会容易得多。

通常我们让自己变得很紧张，以至于无法开始，是因为我们心里已经把这些尝试看作永久的改变——但是，我们都还没开始呢。

做出一个大的改变，而且在余生的每一天都坚持去做，这看起来的确是一件让人太难以接受的事。当你还处在犹豫要不要做的初始阶段时，更是这样。你越把一件事看作永久的改变，你就越难以开始。

但是，试想一下，如果只是暂时做出改变——比如 30 天——然后你就可以回到旧的习惯，那怎么样？这看起来是不是就不那么困难了？

每天锻炼，坚持 30 天，然后就停下来；保持办公桌整洁，坚持 30 天，然后就停下来；每天读书一小时，坚持 30 天，然后就回到每天看电视的习惯——这些你能做到吗？做到这些仍然需要一点自律和承诺，但是远不像做出永久改变那么困难。

那些"好处"只是暂时被"剥夺"了，你可以每天倒计时数着回到"自由"。然后，在一次至少 30 天的坚持中，你总会有所收获。这不是什么坏事。你能搞定它，因为它只是你生命中的一个月而已。

现在，如果你已经完成了一个"30 天实验"，会发生什么呢？

第一，你会继续下去，直到养成一个新的习惯。保持一个习惯比从头开始一个新习惯更容易。

第二，在这段时间里，你会戒除旧习惯的"瘾"。

第三，你已经有了 30 天的成功经验，这也会带给你极大的自信来继续下去。

第四，你得到了 30 天改变的"结果"，这个结果给你带来了实实在在的效果反馈。你可以想到如果自己继续下去会变得如何，而这会让你进入一个更好的状态，做出完全有依据的长期决定。

所以，一旦完成了"30 天实验"，你做出永久改变的能力会得到显著的提升。即使这个时候你依然没准备好做出永久改变，那也可以选择延长到 60 天，或者 90 天。尝试期延伸得越长，你就越容易把一项改变固定成长期习惯。

以下是我自己用"30 天实验"建立的一些习惯：

◎ 在 1993 年的夏天，我想尝试一下素食

我没有任何兴趣把这变成一辈子的习惯，但我在书里读到了很多素食对身体健康的好处，所以决定尝试 30 天，就当进行一次体验。我那时本身就在进行规律锻炼，看起来健康状况还不错，也没有超重（身高约 6 英尺，体重 155 磅）。但是，我平时会吃很多汉堡包。

在 30 天里尝试只吃蛋奶素食，这比我想象的更容易——我真的没法说它很困难，我也没感觉自己被剥夺了什么。

在尝试的第一周，我就感到自己能量和专注力的提升，而且我感觉头脑变得更加清醒了。

在"30天实验"之后，我想都没想就把只吃蛋奶素食这个习惯坚持了下去。这个改变其实远没有想象的那么难。

◎ 在 1997 年 1 月，我决定从蛋奶素食主义者转变为纯素食主义者

蛋奶素食允许吃蛋制品和奶制品，而严格素食则不吃任何动物来源的食物。我当时有兴趣把严格素食转变为长期习惯，但并不认为自己真能做到。

我怎么能放弃奶酪蛋卷呢？严格素食对我来说，似乎限制性太强了——甚至在经济条件上也是如此。但是，我那时真的非常好奇，想看看尝试纯素食到底会怎么样。于是再一次，我开始了一个"30天实验"。我知道自己能坚持下来，但真的不准备持续下去。

然后，我在第一周就减重 7 磅，主要是我不断地上厕所，身体里长期积累的乳类食物残余在不断排出。开头几天我感觉很糟，但随后精神状态越来越好。同时，我感到头脑比以往任何时候都更加清醒了，就好像有一层"大脑迷雾"消散了。那种感觉就像我大脑的 CPU 和内存经历了一次升级。

然而，我最大的变化来自耐力。我当时住在洛杉矶的玛丽安德尔湾，经常沿着圣塔莫尼卡附近的海滩跑步。我发现在跑完 3 英里以后，我感觉不再像以前那么累了，然后我开始增加到 5 英

里、10 英里，最终在几年后完成了一次马拉松。在练习跆拳道
的时候，这种更充沛的耐力也让我在对打技能方面得到了明显的
提升。

不断积累起来的好处如此明显，以至于我觉得自己放弃的食
物看起来好像也不那么有吸引力了。所以再一次，在"30 天实验"
之后，我想都没想就坚持了下去，一直坚持到了今天。

我当初没预料到的一点是，在转变成纯素食主义者的很多年
后，自己曾经吃的那些动物来源的食品，看起来都不再像食物了。
所以其实我没有任何"被剥夺"的感觉。

◎ 同样也是在 1997 年，我决定每天都锻炼，坚持一整年

这是我那一年的新年誓愿。我给自己定下的标准是，每天进
行 25 分钟的有氧运动，此外每周还参加 2—3 天的跆拳道课程。

在饮食习惯改变的同时，我想把自己的身体状态提高到一个
新的水平。我不想漏掉任何一天，甚至生病的时候也一样。

但是，想想一年 365 天都要锻炼，确实有点让人感到畏惧，
所以我在心里其实是从一个"30 天实验"开始的。这感觉还
不错。

过了一阵子后，随着天数不断增加，纪录被不断刷新：8
天……10 天……15 天……停下变得越来越难。

在 30 天之后，我怎么能不坚持第 31 天，刷新个人纪录呢？你能想象在坚持 250 天以后放弃吗？绝对不可能。

在第一个月建立习惯以后，那一年剩下的时间就是自然而然的。我还记得当时自己参加过一个研讨班，回家以后已经半夜了。我感冒了，感到非常疲惫，但我还是在凌晨两点出去，在雨里完成了跑步任务。

一些人可能会说这很蠢，但我自己非常坚决地想要完成目标，我不会让疲惫或者疾病阻止自己。

我最终完成了，整整坚持了一年，没有漏掉任何一天。事实上，在 1998 年最终决定停下来之前，我还多坚持了几周。

到了这个阶段，想停下来反而是一个挺艰难的决定。我当初想要坚持一年，知道它会变成一次充满能量的体验，而它最终也的确如此。

◎ 还是关于饮食——在成为纯素食者几年以后，我决定尝试其他更多样的严格素食类型

我进行了"长寿饮食"和"纯素生食"的"30 天实验"。这些饮食方式都很有趣，给我带来了新的收获，但我不准备长期坚持这些饮食方式。

我觉得"长寿饮食"和我已有的纯素饮食并没有什么不同。而说到"纯素生食"，我确实通过它感受到了自身能量的显著提

升，但这种饮食习惯需要投入太多精力——我要花很多时间去准备食物，频繁地进行购物。这对现阶段的我来说，的确太难了。

当然，你可以只吃生的蔬菜和水果，但如果要制作有趣的纯素生食，就需要花很多精力。如果我有自己的厨师，那我可能会保持纯素生食，因为我觉得它带来的好处很值得我这么做。

我还进行了第二次为期45天的纯素生食，但结论依然没变——我还是没能长期坚持。如果我被诊断出患有某种严重的疾病，比如癌症，我会马上转变到纯素生食，因为我相信这是最有利于身体健康的饮食方式。

在我进行纯素生食的时候，我感到前所未有地能量充沛。但是，把它变成可行的日常习惯对我来说挺难。

即便这样，在进行这些尝试之后，我还是在日常饮食中加入了一些新的长寿饮食和纯素生食食物。在拉斯维加斯有两家纯素生食餐厅，我很喜欢在那里用餐，因为有专人来负责处理那些食物。

所以，这些"30天实验"依然是成功的。虽然我最终没有坚持下去，但它们都为我带来了新的知识。

对饮食习惯的改变来说，一次完整的"30天实验"非常重要，其中一个原因是，在开头一两周里，你通常会经历排斥反应和饥饿症状，所以直到第三周或者第四周你才能有一个清晰的认知。

我觉得，如果你没有把一种饮食习惯坚持至少30天，你就还没有真正理解它。每一种饮食习惯带来的内在感觉的变化，都和我们从表面上判断的不一样。

"30 天实验"似乎在每天都坚持的习惯上最管用。当我尝试一个每周进行 3—4 次的习惯时，效果就不太好。

然而，如果你在 30 天里每天坚持一个习惯，在 30 天以后再放宽一点，这时"30 天实验"就依然效果不错。比如，我在开始一个新的锻炼项目时就是这么做的。每天都进行的习惯其实更容易建立。

以下是一些"30 天实验"的点子：

·放弃电视。给所有喜欢的节目打上标记，30 天以后再去看。我们全家都进行过一次这种尝试，结果非常有启发性。

·放弃网络论坛，尤其在你觉得开始上瘾的时候。这种方法可以切断那种"网瘾"，让你清晰认识到网络论坛到底能给你带来什么好处（如果有的话）。你可以在 30 天后再回到旧状态啊。

·每天沐浴（或泡澡）、剃须。我知道你不需要这一项，请把它转给需要的人。

·每天见一个新的朋友，主动和陌生人进行交谈。

·每天晚上出门，每次到一个不同的地方，做一些有趣的事——这会是难忘的一个月。

·每天花 30 分钟整理你的房间或者办公室。一个月下来就是 15 个小时。

· 每天把能在 eBay（易贝）上卖的东西写下来。清理掉其中的一部分。

· 每天邀请一个新的人外出约会。除非你的成功概率低于 3%，否则你就能得到至少一个新的约会，甚至也许会遇到你未来的另一半。

· 如果你已经处于一段感情关系中，那试着每天给你的伴侣进行按摩，或者你们两个每天轮流给对方按摩。这样一个月你们就分别给对方进行了 30 次按摩。

· 戒掉香烟、碳酸饮料、垃圾食品、咖啡，戒掉其他不健康的习惯。

· 成为早起者。

· 每天写日记。

· 每天给一个不同的亲戚、朋友或者生意伙伴打电话。

· 每天打 25 个销售电话来争取新的生意机会。专业演讲大师麦克·费里曾经每周 5 天这么做，坚持了两年，即使在他主持研讨会的时候也不间断。他认为正是这个习惯，帮助他建起了年销售额超过 1000 万美元的生意。如果你每年打出 1300 个销售电话，无论销售技巧有多差劲，你总能得到一些不错的生意。你可以把这种习惯用在任何形式的营销工作中，如为你的网站获取新的流量。

· 每天写博客文章。

· 在你感兴趣的问题上，每天花一小时进行相关的阅读。

- 每天冥想。

- 每天学一个新单词。

- 每天进行长距离的散步。

再次说明：对这些习惯中的任意一个，都不要去想自己要坚持超过 30 天，而是要多去想自己在 30 天里能得到的收获。

你可以在"30 天实验"结束后重新进行评估。你一定可以通过这些体验得到成长，即使它们只是暂时的。

这种方法的威力就在于它的简单。

虽然相比执行一个复杂的计划，每天简单地坚持一件事可能会不太高效——力量训练就是一个好例子，因为充足的休息是一个关键的部分——但通过每天坚持，你更有可能养成一个"每日习惯"。

当你承诺每天都做一件事情，没有例外，你就不能给自己找理由去漏掉某一天，你也不能跟自己说调整计划之后晚点再进行弥补。

尝试一下吧。如果你已经准备好去开始一次尝试，尽管在社交软件上分享出来，分享你接下来 30 天的目标，这样你可能更容易接近成功。

超级版 30 天实验

对改变旧习惯、建立新习惯而言，我一直都很推荐"30 天实验"这种方法。很多人包括我自己，都用这种方法成功养成了好的习惯，而且将这些新习惯固定下来。

现在，是时候推出升级版了：超级版 30 天实验。

◎ 快速回顾

当进行一次"30 天实验"时，你挑选一个想尝试的习惯，承诺坚持 30 天。如果某一天打破承诺，那就回到第一天。

"30 天实验"一定程度上是一种试验，也是一种自控力锻炼。通过试验，你可以看到如果做出某个改变并坚持下去，自己的生活会有什么变化。与此同时，它也会帮你发展自控力，让你在心智和情感层面变得更加强大，就像一种意念的锻炼。

你成功完成越多的"30天实验"，你的"自控力肌肉"就变得越强大，而这又会在生活的各个方面让你极大地受益。除此之外，你还获得了新习惯带来的诸多好处，如通过阅读大量书籍得到思想水平的提升，通过规律锻炼得到新陈代谢的加强，或者通过每天从事互联网业务而得到财富的增加。

成年之后，我们大多数人都养成了很多坏习惯，我们的自控力常常变得很弱。比如，大约有5000万美国人抽烟，虽然他们中的大多数都更希望自己能戒掉。这简直是一种行为控制方面的噩梦。你有哪些习惯性的行为其实是你不愿意去做的呢？

自律会对你的自尊产生重要影响。你越自律，就越能建立积极习惯，改变消极习惯；积极习惯产生积极结果，而积极结果让人感觉良好；感觉良好让你拥有更多能量，更多能量则推动更多积极的行为，最终又形成积极的习惯。

"30天实验"确实很有挑战性，但是也很有效。这是我最喜欢的习惯改变方法。但是，过去我常提醒大家不要"过度"使用这种方法。许多刚接触"30天实验"的人陷入了迷途，想要同时建立5—10个新习惯。毫无例外地，他们全都失败了，他们甚至都坚持不到第三天。这就好像想要同时接住太多的球，最终你会全部漏掉，一无所获。

所以，我还是建议大家一次只进行一个"30天实验"，一项尝试已经很有挑战性了。如果你喜欢的话，每年可以完成 12 个。即使你只完成了其中的一半，也已经是在一年之内有相当显著的提升了。

现在，我要来说说怎么使用和我之前建议不同的方式。

◎ 什么是"超级版 30 天实验"？

"超级版 30 天实验"，就是在一个 30 天里，同步完成多个重要的行为改变。比如，你可能想同时建立下面的所有习惯：

· 每天只看一次邮箱，每次彻底清理收件箱。

· 每天早上锻炼至少 30 分钟，体能训练和瑜伽交替。

· 睡觉前阅读一个小时积极的、激励性的读物。

· 每晚 10 点前上床。

· 每天花 10—20 分钟，在脑海中把自己的目标视觉化，就好像目标已经实现了一样。

· 不再消费奶制品。

· 每天花两小时构思自己想创作的剧本。

在 30 天里，你承诺同时完成以上所有事情，无一例外。

如果你和大多数人一样，那你将会失败。你甚至可能坚持不过一天，而成功度过一周的概率还不到 1%。

所以如果你想完成这些事，就不能像大多数人一样。

你可能不会听我的建议，不过无论如何，还是让我分享一些实用的技巧来提高你的成功概率。

◎ 很难，但不是不可能

首先，成功完成一个"超级版 30 天实验"是可能的，只不过非常困难。

然而，知道这件事有多难，本身可以给你带来一点优势。如果你对这项挑战有一个正确的认识，就不太会低估它的难度，你也就能在开始前更好地进行心理准备。

"超级版 30 天实验"是可行的，因为我们的行为之间存在复杂的联系。一个行为触发另一个，然后又触发另一个，依次相连。

早上睡过头导致放弃锻炼，进而导致做出一份烂早餐和这一天工作开始的时间推迟，进而导致行动懒散、工作低效，进而导致在一天结束时感到筋疲力尽。

但如果早起呢？早起给你留出充足的时间去锻炼，进而促进你的新陈代谢、激发你的能量，锻炼后你更有胃口去享受健康的食物，这一天积极的开始让你能够进入高效的工作状态，进而让你在傍晚时感到收获满满，这时你还有足够的精力去完成自己的个人目标。

习惯会彼此强化，它们会产生叠加效应。所以，"超级版 30 天实验"的核心思想就是：打破一连串的消极习惯，用一连串积极的习惯来进行代替。

有时候，这会比一次只尝试一个习惯更容易，因为"超级版 30 天实验"让你有机会切断一整串的坏习惯链条。

◎ 准备充分

读一读我的《改变习惯就像下棋》这篇文章，以便理解习惯改变的三个阶段。"30 天实验"处于第三个阶段。确保你已经进行了足够努力，让一切就绪，尽自己所能准备好这次尝试。

举个例子，如果你想进行一次饮食改变，那就在厨房里储存健康食材，在你开始之前就确保家里没有自己规定范围之外的任何食物。

如果有什么提前准备能让你的"超级版 30 天实验"更容易一些，那就去做。给自己几天时间，在开始之前把所有事情准备就绪。你可能迫不及待想要开始第一天，但如果你没有足够的准备，这种兴奋只会转变成失望。

在你开始的时候，你准备得越多，胜算就越大。

◎ 提前训练

"超级版 30 天实验"就像铁人三项。即使你有一项没提前训练，那也不要上场。

这是一个你必须逐渐提升才能达到的水平。当你成功完成 5—10 个"30 天实验"之后，再考虑"超级版 30 天实验"。否则你就是在浪费时间。

"超级版 30 天实验"是"30 天实验"的高级版本。对初级者来说，一个"30 天实验"就已经超出能力范围了。初级版本是"5 天尝试"或者"10 天尝试"。

你必须先学怎么走，再学怎么跑。自控力训练是一件持续一生的事情。从力所能及的事情开始，在不断变强的同时不断提升挑战水平。但是，不要一直尝试举重，轻装上阵，保持在自己能承受的范围之内。

做一个接受自己是初学者这一事实的初学者，一点都不丢脸。至于那些不情愿和没有耐心的人，他们最终会吃到苦头的。

◎ 排除社交阻力

如果身边有一些人反对你做出改变，那就尽可能远离这些人。否则，他们制造的社交阻力会减弱你的动力，让你寸步难行。

举个例子，如果你的"超级版 30 天实验"中有一项是"每天在自己的互联网生意上投入两小时"，但你有一个朋友认为在网上赚钱的人都是骗子，那在你尝试期间，他就不是一个可以交流的合适人选。

远离那些给你制造阻力的人。避开这些不必要的阻力，你所迎接的事情本身已经足够有挑战性了。

◎ 不要对外宣布

在进行"普通版"的"30天实验"时，提前向人们宣布你的承诺可以提高成功概率，因为他们会让你对自己的承诺感到负有责任。

但在尝试"超级版30天实验"的时候，我建议你别那么做，自己知道就好。

一个原因是，你试图一次性完成这么多的改变，大部分人并不看好这件事。所以当你告诉身边的人的时候，你可能会给自己增加更多的反对声。大家会准备看着你失败，那可不会对你有利。

如果想分享，一定要分享给那些会给你鼓励和支持的人。如果你有把握获取更多社交上的支持，那就去做，这会让你更有动力。

当你已经逐步提升了自律水平并让一个"超级版30天实验"

变得可行的时候，你已经远远超出了这个社会人们的平均能力水平；如果你说出来，你只会让他们感到不安，然后他们可能在私底下希望你失败。所以我的感觉是，你最好保密。

许多年前我设定过一个目标，就是用3个学期的时间学完大学4年的全部课程。这大概相当于每个学期承担3倍于别人的学业压力。我提前向一些人分享了这个目标。他们中的大多数只是觉得好笑，或者说我是痴心妄想。没有一个人是让我感到鼓舞的。在这件事后，我学会了保持低调，不让别人知道。

但在这段日子里，我的一个教授对我在做的事情感到很好奇，所以我向他分享了其中的细节。他能够理解，因为他自己就有一个非常高效的女儿。能得到这一点点社交支持，我感觉还挺不错。

完成一次"超级版30天实验"，需要的不仅仅是自律。也许你想建立的各种习惯会产生一些你之前没预见到的相互反应；也许你开始一两天后发现自己的选择并不正确，需要回头重新修改计划。很多事情都可能不对劲。所以在执行"超级版30天实验"的时候，你真的不需要更多来自他人的压力。

"超级版30天实验"更像是一种内在探索——它帮你探索内心深处的自我，然后给你带来一个全新的自己。你需要一个独立的空间，以便专注于需要做的事情，而不是担心别人的反应。

当你准备好进行一次"超级版 30 天实验"时，你已经把自控力磨炼到一个很高的水平了。就好像在健身房里，你清楚自己能举起多少公斤的杠铃，而超出多少公斤自己就无能为力了。在具体执行方面，你将更多地依靠自己去解决问题，社交帮助并不是非常重要。如果你还没明白这个道理，那你就还没准备好进行"超级版 30 天实验"。

◎ 不要让自己筋疲力尽

在进行多个"30 天实验"的时候，人们最常犯的错误之一，就是选择了某些事情，而这些事情让他们在第一周就筋疲力尽了。

一个最疯狂的例子，出现在人们尝试"多相睡眠"的时候。这件事本身就难度极大，然后在此之上他们又叠加了许多其他的尝试项目。我从来没见过谁这么干能成功。这就像你生平第一次去健身房，然后就尝试卧推 300 磅重的杠铃。想法挺好，但哥们儿，真的别这么干。

另一种会让你感觉艰难的做法，是选择某些项目，这些项目让你的能量水平在开始几天就变得不太稳定。

比如，如果你现在每天 8 点起床，而"5 点起床"是你"超级版 30 天实验"中的一部分，那可以预见的是，第一周你会感到有点睡眠不足，直到你的身体逐渐适应新的节奏。但感到疲惫，会让你很难完成计划中的其他事情。

这样的项目还有很多，如果开始尝试"纯素生食"，你可能会在前两周经历明显的排斥反应（有点类似感冒的症状）。在此之上叠加更多改变事项，会变得太过艰难。如果开始一种新的体重训练项目，第一周你会感到浑身酸痛……

如果你要进行一次"超级版30天实验"，尽量不要安排让你在第一周就筋疲力尽的项目。拿出单独的"30天实验"去做这些事情，建立习惯以后，再进行一个"超级版30天实验"。像纯素生食、早起、减重训练这三项，就一定不要同时开始，不然谁都吃不消。在睡眠缺乏、排斥反应、身体酸痛等情况消除以后，晚点再进行"超级版"的叠加。这会让你在"超级版30天实验"中少承受一点压力，这样也更容易成功。

在"超级版30天实验"期间，保证你的睡眠。不要为了挤出时间完成每个事项，结果让自己睡得越来越晚。如果因为事情太多抢占了睡眠时间，那就砍掉一些，不要让自己睡眠不足。睡眠不足会让你的压力水平升高，免疫力降低。你不会想要在身体极度疲劳的同时完成一个"超级版30天实验"。即使在你能量满满的时候，"超级版"都已经够难的了。

◎ 开头几天逐步叠加

你可以在开头几天逐步叠加，而不是在第一天就把所有改变项目都启动。这么做可以让你每天专注于一到两个新习惯，第一天也就不会太艰难。

要不要这么做，由你自己决定。这不是必要的，但如果你希望第一天不要过于困难，这可能会有效。

在你叠加到最后一个习惯时，再开始计算整体 30 天计划的第一天，这样对每一项新习惯来说，你都仍然可以进行一个完整的 30 天实验。

◎ 设定一个调整点

在进行"超级版 30 天实验"时，给所有项目排出优先级。当事情变得太过困难时，可以去掉一个或者多个项目，把数量减少一些。

我建议把这些项目分在 3 个清单里：

A 清单 = 特别想做，如果完成会带来显著的改变

B 清单 = 如果完成的话会很不错，肯定会优化我的生活，但是不值得牺牲 A 清单上的事情去做

C 计划 = 如果完成的话也不错，但属于锦上添花的东西，不值得牺牲 A 清单或者 B 清单上的事情去做

如果你感到任务过重、压力过大，那"超级版 30 天实验"

就很可能会失败。首先，砍掉 C 清单的项目。如果还是压力大，那就再砍掉 B 清单。最坏的结果，回到 A 清单里最重要的一项上去。

提前知道在必要的时候可以砍掉哪些东西，这让你至少可以调整到一个"普通版"的"30 天实验"，最终仍然能够有一些收获。这比全部搞砸要好得多。

尽自己的全力，但如果无法一次性完成多项尝试，那就别给自己施加过多压力。

◎ 多方面平衡

也许"超级版 30 天实验"能发挥的最大价值，就是对你生活中的所有关键方面进行一次整体调整。

一个平衡良好的"超级版"可以提高你的成功概率，而一个失衡的计划则会激起你内心的反抗，让你想要放弃。

要特别关注以下这些方面：

·身体：在计划中添加一些激发你能量和提升健康状态的事情。"早上锻炼"就是一个好主意，因为它会促进你的新陈代谢，让你一整天都感到清醒和充满能量。当你能量满满的时候，完成一个"超级版 30 天实验"就变得更容易了。

· 心智：在"超级版30天实验"中发展你的心智。"每天阅读非虚构类的书"是一个不错的主意，这样你在尝试期间就可以学到一些有价值的知识。阅读和你职业领域相关的书尤其有用。

· 职业：添加一些有利于职业发展或者提高工作效率的习惯，如每天只查看一次邮箱，或者每天对同事说一些鼓励的话。

· 财务：添加一些改善财务状况的习惯，如每天记账，或者每天在一项新的网上生意中投入两个小时。

· 人际关系：添加一些习惯来增加社交勇气或者提升人际交往能力。尝试每天和一个新朋友交流，或者每天和不同的同事共进午餐，以此来改善你的社交关系。

· 情绪：添加一些习惯来帮你保持积极、行动导向的状态。在大学里，我每天听大概两个小时充满激励性的、教育性的录音（主要是在去教室和回家的路上）。这个习惯让我总是保持动力满满。

· 有序化：添加一些习惯来减少混乱，让生活变得更有序、更有组织性。比如，每天花30分钟去清理房间或者办公室里的物品。

· 心灵探索：添加一些习惯，如每日冥想或写日记，这样可以丰富你的内心，让内心和其他外在方面保持同步成长。

· 娱乐：在你的事项清单里，添加至少一个每日娱乐活动，如和家人做游戏。这会给你带来一份"每日奖励"，让你有盼头。这也会调整你的大脑，让它相信自律是一件有趣的事情。你越自律，就有越多的时间去享受生活，生活也就变得越加轻松。

以上这些听起来像是个挺长的清单，不过这样一份"习惯组合"可以起到相互强化的作用，从而提高你的成功概率。比如，优化财务状况意味着你可以有能力购买更多健康食品，购买瑜伽课程，等等。一个全面的计划可以让你得到全面的提升，这样你的生活就不会出现某个方面拖累其他方面的情况。

◎ 使用明确的衡量标准

明确地定义出你想要尝试的习惯，避免使用类似"更多""更好"之类的形容词，因为这其实反映出一种不切实际的主观希望（通常也是愚蠢的）。

比如这些就是不明确的目标："锻炼得更多""吃得更健康""提高阅读速度""减少抱怨""变得更好"以及"更努力地工作"。

以下这种说法，才算是一个明确的目标：每天用跑步机，保持最大心率的60%—80%，跑30分钟。

制定明确的目标，可以避免让自己感到迷惑。明确的目标是非常清晰的，你要么完成了，要么就没有。如果有一个客观的观察者，那他会给出和你一致的结论。没有什么争辩的空间。

尽最大可能，用明确的语言定义你想要尝试的习惯。你要么完成了，要么就没有。排除中间的灰色地带——除非你只想要一个虚假的尝试，一个虚假的结果。

◎ 专注于行动

进行"超级版 30 天实验"的关键，是拟定一些明确的产出结果，确保你进入一条持续激发自身能力的轨道。然而，也正因此，在过程中你可能会过度关注"结果"。把最终结果记在心里没问题，但是，要把注意力集中在每天的行动上，一个一个地去做。

比如，相比"每天写作，用 30 天完成一本书的初稿"，"每天写作两小时"就是一个更好的选择。后者更直接地处于你的控制中，并且可以清晰衡量你做了还是没有。

"超级版 30 天实验"是一种实际行动。你想建立怎样的日常习惯，可以在最初尝试之后继续维持，而且在未来的很多年里都使你受益？

如果你以前每天都练习 45 分钟瑜伽，浏览网页不超过 30 分钟，尝试和一个新朋友交流，阅读 30 分钟非虚构类书籍，在互联网生意上投入两小时，用 20 分钟拥抱和爱抚你的爱人，沐浴，用 20 分钟整理房间，用 10 分钟为下一天做计划，用 30 分钟制订旅行计划，你如今的生活会变得有何不同？

◎ 进行时间安排

如果你想每天都做某些事情，那就提前决定好在什么时间去做。

如果你有很多事情要安排，那就写下一天的计划，这样你就能看出各项安排组合是否合适。

在每个项目之间，给自己一点时间去休息。比如，不要指望你自己能停下锻炼，紧接着下一分钟就开始沐浴。

如果你无法安排出时间去做一件事，那你就是还没决定去做它。

◎ 针对失去的"好处"进行补偿

坏习惯存在是有理由的，这些做法能带给你某些"好处"。

想清楚一个坏习惯的"好处"是什么，然后，在"超级版30天实验"中加入一些"补偿措施"，以便在你改变这个坏习惯、失去某种"好处"时有所弥补。

比如说，你在工作日里花太多时间浏览 Facebook 和其他网络论坛。这种行为会降低你的工作效率，进而降低你的自尊和能量水平，让你无法拥有高效的一天能带给你的那种充满动力的感觉。在内心深处，你知道应该改掉这种坏习惯。

但是，每次当你要改掉它时，你都会产生一种"孤立感"——你错过了那些频繁的社交联系。然后，没过多久你就重新回到了老状态。

要认识到，这种习惯虽然会降低你的工作效率，但实际上它在另一方面能帮到你。它能帮你间歇性地找到与他人连接的感觉。那种感觉完全不是什么坏事。

那么，还有什么事情能给你这种感觉，同时又不会影响你做事？这里有很多可行的方案。

一种办法是把你在网上的社交活动集中限制在晚上的某个时间，这样就不会影响你白天的工作。你可以给自己留一个自由的时间，在这个时间里你可以做你喜欢的任何社交活动，但就是不能在工作时间去做。如果你想要更频繁地进行社交活动，你可以把社交时间拆分，安排进一天中的非工作时间里，如午餐时间，或者下午茶时间。

另一种方法是减少或者戒掉网络社交，增加一项更高效的习惯，给你带来更多社交方面的好处。比如，在30天里每天花30—60分钟和朋友用电话交谈；或者每天在自己家安排一个社交活动，如2—3个小时的"游戏之夜"；又或者每晚邀请不同的朋友或同事共进晚餐。在网上交流有时候是挺有趣，但没有什么能比面对面交流的感觉更好，当彼此交流开心的事情时更是如此。

还有一种选择，这可能超出了"超级版30天实验"的范围——你可以换一份能更多地和他人交流的工作，这样你就不会在工作日感到"孤立"。

用冥想和按摩代替抽烟;用拥抱代替垃圾食品;等等。

体察你的坏习惯背后隐藏的"好处"。寻找能够带来更多好处同时又没有坏处的替代习惯,而不是直接完全戒除旧习惯。你也许需要反复试验才能找到最适合自己的,但这完全可以实现。

◎ 设置休息时间

"超级版 30 天实验"可以激发你的能量,但它也会消耗你的能量,身体上和心理上都是如此。特别是在一开始的时候,你需要投入很多的清醒意识。

我建议你每天安排出两个小时来休息和放松。从"超级版 30 天实验"中抽出时间,给你的身体和内心一个彻底的休息。

你可以用这个时间去躺一会儿,打个盹儿,跟朋友和家人交流,享受一个放松的热水澡,玩电子游戏,拥抱一个深爱的人,或者其他任何可以让你恢复活力的事情。就好像把"电源"拔掉,你只需要放松。

把这个休息时间放在一天中的结尾,如晚饭之后,这样能让你每天都有盼头。你也许并不总是需要它,但在有些日子里,你会感觉到有这么一小段时间真好。

◎ 严格遵守每日习惯

在进行"超级版 30 天实验"的时候，你最好严格遵守每天的习惯，包括周末。

每天保持一个持续的节奏，没有间断，这对创建一条连续的"习惯链"来说很重要。

所以，如果你准备早上 5 点起床，或者每天写作两小时，那就每周 7 天都这么做。

这看上去可能会比较难，而且不太有灵活性，但是这其实很简单。一个常见的失败原因就是，人们在周末时变得松懈，然后想要在周一时把所有事情重新捡起来。这几乎就像每周都重新启动一次"超级版 30 天实验"一样。

习惯是一种具备记忆的东西。在你每天不间断地坚持时，这种记忆会更快地产生。当你的大脑已经建立一种习惯的记忆时（你的 30 天实验已经完成，习惯已经建立），你就可以调整频率了，如跳过周末，这样并没有太大的导致退步的风险。但是，当你还在建立这些习惯的过程中时，你最好严格遵守每天的习惯。要记住——只是 30 天而已！

在"超级版 30 天实验"中，如果你仍然想安排不必每天坚持的习惯，可以读一读《怎样保持一个"非每日习惯"？》，给自己找一些方法。

◎ 定义你的"底线标准"

针对每个习惯，定义你的"底线标准"以便降低难度。你的"底线标准"是什么（在这种情况下，你依然可以获得积极结果）？

比如，对"每天阅读一小时"来说，你可以把"每天阅读15分钟"作为底线标准。在你忙到很晚，只有牺牲睡眠才能挤出一个小时读书的时候，你就可以只读15分钟。有些时候你可能会读超过一个小时，但15分钟是你的底线。

当完成了"底线标准"的时候，你至少已经有了一点"小成功"，你至少建立了这个习惯的"底线版本"。然后，你就能从底线版本出发，达到一个长期来看最优的标准。比如你可以执行第二个"30天实验"，这次专注于提升和扩展那个已经建立的底线版本。

在"超级版30天实验"中，相比试图一次性在所有方面达到最高标准、结果一个习惯都没有建立，在各个方面先达到一个"底线标准"，其实是一种更好的选择。最终建立的习惯也许没有你期望的那么好，但你至少已经有了一些可以说出口的成果。

在你已经习惯了每天锻炼20分钟时，每天锻炼45分钟就不会太困难；而从零开始直接去建立45分钟的习惯，则会困难得多。

添加 5—10 个底线版的习惯（每天做 15—20 分钟这个，每天做 15—20 分钟那个……），这是完成"超级版 30 天实验"的一种很棒的方式。在这之后，你就可以维持这些底线，然后提高标准，进行一次新的"超级版 30 天实验"，或者用多个单独的"30 天实验"来每次专注于一个不同的习惯。

如果你真的想要开始一个"超级版 30 天实验"，祝你好运。你一定非常自律，非常疯狂，或者非常天真——又或者三者都有。

用一次"30 天实验"，
开启新的一年

　　开启新一年的最好方式之一，就是进行一次"30 天实验"，养成一个新的习惯，或者体验一项新的活动。不妨专注于一项短期改变，而不是制定一份可能并不会执行的新年誓愿清单。只做一个 1 月计划即可。如果它没什么用处，你完全可以在 1 月 31 日放弃它。用上你自己的每一分决心和自律来坚持它，不管需要付出怎样的努力。在 30 天之后，你可以决定是否将其作为一项长期转变坚持下去，而此时你已经拥有 30 大的成功经验了。

　　自从 2005 年写了《用 30 天养成一个新习惯》以来，有很多读者给我反馈（有几百封邮件），他们用"30 天实验"这个方法建立了积极的新习惯，改变了不好的旧习惯。

　　人们通过这种方式取得的成就包括：

- 戒烟
- 成为素食主义者或纯素食主义者
- 创建一份新的网上生意或者写博客文章
- 学习投资
- 摆脱债务
- 开始一项新的锻炼计划
- 早起
- 早睡
- 每日冥想
- 培养一项才能，比如演奏一种乐器
- 学习一门新语言
- 提升电脑技能
- 提升社交技能
- 提升打字速度和准确性
- 每日阅读
- 为在校学习留出时间
- 完成一篇论文
- 每天整理／打扫
- 不再看电视
- 戒掉碳酸饮料
- 戒掉咖啡

⋯⋯⋯⋯⋯

也有一些人写信表示，在用 30 天时间尝试一个改变之后，发现这个改变并不适合自己，但他们依然很高兴能通过亲身体验印证这一点。这种情况在尝试不同睡眠模式的人中尤其普遍。他们尝试了"双相睡眠""多相睡眠"，或者仅仅是早起。即使 30 天之后回到了自己原有的习惯，这项尝试依然具有价值。人们通常会对自己学到的东西充满感激，即使最终效果并不像预想的那样。

前面提到过，我自己通过"30 天实验"在 1993 年成为素食主义者，而后又在 1997 年成为纯素食主义者。我还用这种方式养成了每天 5 点起床、坚持锻炼以及其他许多提升效能的习惯。所以，"30 天实验"是个人成长方面我最喜欢的方法之一，主要因为它是如此简单而有效。

我发现如果提前一周左右进行准备，可以让自己取得最佳表现。对于将要建立的习惯，我会集中阅读相关书籍，进行思考，并且在脑子里想象会是什么样子。我让自己先停下来，直到内心产生一种强烈意愿的时候再付诸行动。这让我在开始几天里能够保持很高的热情。这种方式非常有用，因为开头的一周往往是最艰难的。

改变习惯就像下棋

改变习惯的过程就像下国际象棋。

在一盘棋里有"初段""中段"和"尾段"三个阶段，而改变习惯的过程也是这样。

很多人在改变一个习惯的时候，想要跳过前两段，直接到"尾段"。他们一头扎进去，承诺自己马上做出改变。人们在制定新年誓愿的时候就常常这么干，不过这很少能真正奏效。

◎"四步杀"

一夜之间完成一个习惯改变，就好像在国际象棋中尝试"四步杀"。这是一种下棋的策略，在开局后只用四步直接破敌制胜，但这种策略只有在对方完全是新手时才管用。如果对方是一个有经验的棋手，"四步杀"就没什么用。糟糕的"四步杀"还会将你置于一个不利的境地，所以这种策略我通常不建议使用。

在改变旧习惯、建立新习惯的时候，你是不是在用"四步杀"？你是不是想直接杀敌取胜，最终却发现败得很惨？

当你尝试改变一个习惯时，如果没有投入足够的时间在"初段"和"中段"，那你就总会无法坚持下去。这种简单粗暴的策略只适用于非常容易的习惯。

改变习惯的"初段"，是获取有用信息、进行初始准备；在"中段"时，你要开始执行一部分改变，来支撑最终的转变；只有在"尾段"时，你才能直接破敌制胜。

◎ 初段

在一盘棋的"初段"，你的目标是把棋子布好，为最后的胜利做准备。逐步出棋，构建稳固的兵阵，获取中心地段的控制权，给对手施加压力，同时保卫自己的国王。"初段"的目的是获得一个强有力的开始，以取得战局优势。这时距离"尾段"还有很长的路要走。

在改变习惯的"初段"，也是一样。你做好准备，为后面的胜利进行铺垫——阅读一些书来获取有用信息，和已经建立了这个习惯的人进行交流，用一页纸写下执行计划，等等。这些初始阶段的准备工作不用很复杂，但也不应该被忽略。

◎ 中段

在一盘棋的"中段",你通常开始变得更有进攻性,但仍然没有到拿下对方国王的时候。这个阶段你主要是寻找机会,在资源、位置和势头上取得优势。用稳扎稳打的策略削弱你的敌人,直到你找到最终破敌的机会。

在改变习惯的"中段",你的目标是进行支撑这个习惯的辅助工作,而不是直接去开始新习惯。想一想,你能做什么来给自己创造一些有利条件呢?

举个例子,如果你想改变饮食习惯,那就把有问题的食物全部扔出你的屋子,挑选 5 个你可以点到健康食物的餐馆,学习 10 个新的食谱,然后拉上一个伙伴一起进行这项改变。告诉别人你的计划,获得他们的支持。对于任何想要进行的改变,你都应该能找到至少 12 个辅助策略,以此来增加你的有利条件。

◎ 尾段

到了一盘棋的"尾段",这时你的目标才是拿下对方的国王。如果你在"初段"和"中段"做了良好的铺垫,那这时你就会占据优势,最终破敌制胜。但如果你匆匆跳过了前两个阶段,那这时你自己的国王可能就危险了。"尾段"往往相当直接明了,通常到了这个点上,谁胜谁负已经很清楚了。

在改变习惯的"尾段"，你终于可以开始改变、争取建立稳定的习惯了。这就是你开始一个"30天实验"的时候了。只有在"尾段"的时候，你才能真正开始习惯改变。到这个点上，你就可以借助前期建立的有利条件，最终获得成功。

幸运的是，和下棋不同，在改变一个习惯的时候，你可以花足够的时间去进行"初段"和"中段"的准备。你不用担心有计时器倒数，或者有对手想打败你。

如果你在"尾段"失败了（你的新习惯没有坚持下来），那你的问题很可能不在"尾段"本身。也许在"初段"和"中段"时，你没有花足够的时间来获取信息，做充分的准备，或者是在开始前没有具备关键的有利条件。

自律的作用

　　如果在尝试改变一个习惯时，你感到自己需要借助过于严格的"自律"才能完成，那么这通常意味着你没有在"初段"和"中段"进行良好的准备，或者压根儿就没有进行这些准备。在改变习惯的过程中，"辛苦挣扎"并不是"自律"；"辛苦挣扎"只是执行了一个无效的策略。更多的汗水并没有什么用。

　　不妨想象一下，一个棋手在一盘棋结尾时每一步都苦苦挣扎，这是一个好棋手吗？通常这只说明他是一个比较弱的棋手。对一个棋艺高超、高度自律的棋手来说，"尾段"常常是水到渠成，结局是早就预料到的。随着棋局推进，棋盘上的棋子越来越少，需要考虑的选择其实也越来越少。

　　如果你连第一周都坚持不下去，你过分地逼迫自己，以至于感到压力重重、想要放弃，那你的错误其实早在第一天就已经犯下了。你想用"四步杀"，但你的对手并没有蠢到会败在这种策略之下。

有时候在"尾段"需要一定的自律能力，尤其当你面对的是一个很难改变的习惯时。但如果你在前面的阶段打下了一个牢固的基础，"尾段"就会很容易。

"自律"所扮演的正确角色，是让你在"初段"和"中段"的时候做最正确的事。这样，在你到达"尾段"时，破敌制胜就是自然而然的事情。

"自律"有时甚至在你改变之前就发挥作用了。在你挑战对手、上场对阵之前，自己是否已经投入了足够的精力去研究、实践和练习？你知道自己的优势，并且知道怎样发挥它们吗？你知道对手的弱点，并且知道怎样有针对性地进攻吗？你有没有准备好打赢这一仗？

如果在改变习惯的过程中正确使用了"自律"，你就不会在"尾段"时苦苦挣扎。在你开始新习惯的第一天之前，你就已经迈出了改变的脚步，进行了足够的准备来支撑自己建立新的习惯。当你最终开始第一天的时候，你已经处在了有利地位。

在改变一个习惯的时候，你能做什么，以便让自己处于一个更有利的地位？你怎样排除阻碍，切断逃路，摆脱威胁，获得更多力量，掌控棋局？在"初段"和"中段"采取什么样的策略，能够让你甚至在开始的第一天就已经稳操胜券？

巧的是，把国际象棋的概念应用在个人成长上，这是我培养许多不同兴趣的一个例子。这种方式让我们能够把一些领域的概念跨界应用在其他领域，最终可以创造性地解决问题。

怎样保持一个
"非每日习惯"？

你是否在尝试建立一个"非每日习惯"（比如"每周锻炼3—4天"或者"只在工作日5点起床"）的时候，最终半途而废了？

如果你每天都做一件事，从周一到周日，这通常会很容易坚持下去。但是，如果你把一天或者两天作为"休息日"，那等到下一个"非休息日"要重新开始的时候，就会变得比较困难。

举个例子，如果你在周一到周五早起，但周六和周日睡懒觉，那在下周一你就会感到早起变得更加困难，你更可能会继续睡懒觉。最后，在真正察觉到这件事情之前，你可能就已经彻底毁掉了养成的习惯。莫名其妙地，每天都变成了"休息日"。

这里我分享一些简单的方法，让你更容易地把这些习惯坚持下去。

◎ 还是每天坚持吧

第一个解决方案，就是把一个"非每日习惯"变成"每日习惯"。有时候，在并非必要的日子里也坚持一个习惯，并没那么难。这样做的好处是，你会拥有一个更稳固的习惯，更不容易被打破。

比如，我喜欢每周 7 天都早起，我发现这比每周早起 5—6 天要容易得多。如果我每天早上都在 5 点起床，那通常没什么，但如果我有一天回家很晚，第二天早上 7 点才起床，那想要在第三天的早上 5 点起床，通常会变得更困难。有时候难免会凌晨才回到家，但我还是默认选择在和以往一样的时间点起床。

我并不需要每天都早起，但这个习惯让我每天都受益，所以没什么理由把它仅仅限定在工作日。虽然看起来每周 5—6 天比坚持 7 天更难，但实际上每天保持一致才更容易。

在保持每天习惯几乎 100% 一致的情况下，习惯会自动维持下去，你甚至都不用再去想它。但如果只是在 80%—90% 的日子里保持一致，那"休息日"和"非休息日"的矛盾就会一直在你心里放着。

明天我是早起呢，还是睡懒觉呢？明天我是锻炼呢，还是休息一下呢？如果你有很多个"几乎每日习惯"，这可能会变成不小的心理负担和分心事项。在这种情况下，维持一个好习惯会变得更加困难，而这件事原本不必如此。

◎ 建立一个"替代习惯"

另一个选择是为你的"休息日"建立一个"替代习惯"。

假如你想每周锻炼 5 天,而且真的很想保留"休息日"。那么,你可以在"休息日"安排一个替代性的习惯,这样在当天你就不用再做常规锻炼。你可以用"休息日"来散步、阅读、冥想、写日记等等,用这些来替代你的常规锻炼。

我建议你选择那些和原习惯比较接近的替代习惯。比如,为了替代锻炼,你可以在休息日做一些同样是运动类的事情,如散步、拉伸或者瑜伽。这样做可以让你处于一个每天持续的节奏里。

◎ 创建"习惯链"

当你建立了一条"习惯链"(一连串的习惯)时,维持这些习惯就变得更容易了。只要你开始这条链上的第一个习惯,后面的就可以自然而然进行下去。

比如,我每天早上的"习惯链":起床,锻炼,洗澡,穿衣,吃早餐,等等。这是一个相当稳定的链条。但是,当我感到可能锻炼太多了的时候,我就会省去"锻炼"这一项,同时并不用其他事情来代替。在这种情况下,我会直接跳到早晨"习惯链"的下一步,也就是起床以后直接洗澡。

我发现，虽然自己偶尔跳过"习惯链"中的个别内容，但重新把它们放回链条里是相当容易的——只要我一直保持链条中的第一个和最后一个习惯。只要我坚持早起去锻炼，或者早起去沐浴，"锻炼"这一个"非每日习惯"就会相当稳固。但是，如果我把第一步搞砸了——没有按时早起，那整个链条就很可能被毁掉。

所以，建立"非每日习惯"的一种办法，是把这个"非每日习惯"放在一个"习惯链"的中间。如果你保持着整体链条，那你可能会发现坚持中间的几项就更容易，即使有时候你会跳过它们也没关系。

◎ 做出具体承诺

如果一些事情你不想每天都做，那就定好要在什么时候去做。

"我将每周锻炼 3—4 次"——这是一个太过模糊、空洞的目标。

"我会在每周一、三、五、六的早上 6:30 去健身房，进行 30 分钟的锻炼，减重训练和有氧训练交替"——这样就好多了。

你的承诺越具体越好。

在你的计划表中，用粗体字写出具体的时间点，把这些承诺的时间点标在日历上。要确保在这些时间点不安排其他的事情。

如果你给自己保留太多退路，或者不是真正做出承诺，那你就很容易失败。

在规定好的一天里，不应该有太多类似"我要不要按计划去做"这样的问题。把那些"可能""也许""应该"通通忘掉。你要么去做，要么就不去做。提前决定好到底要选哪个。

◎ 把习惯变成约定

如果你在坚持一些"非每日习惯"时感到很困难，那就让其他人也加入，想办法把这些习惯变成和他人的共同约定——放弃一件只对自己承诺的事情相对容易，但多数人都不愿意在一份共同约定中违背承诺，放别人鸽子。

找一个一起锻炼的伙伴，约定好每天早上和另一个早起者打电话，每周跟舍友安排固定的时间来进行宿舍活动，安排固定的时间和另一半一起照顾孩子。

在保持"非每日习惯"的过程中，让其他人加入，这样会让你有更强的责任感。

你在 20 多岁时的
习惯与实践

20 岁到 30 岁的 10 年，是充满能量的 10 年。在这段时间里，你将为自己建立许多习惯，进行许多实践，而它们可能一直保持到你的 30 岁、40 岁，甚至更远。

正是这 10 年里做出的决定与行动，最终塑造了未来的我们；但很多人在 20 多岁时并不会认真思考这件事情。他们想着可以晚点再做出改变，但这种想法往往被证明是错的。

◎ 职业

在 20 多岁的时候，你可能认为自己在职业上有很多选择，你相信自己可以做很多不同类型的工作。严格来说，确实如此。然而，随着时间流逝，人们产生了一种倾向——把职业变成了对自己这个人的定义。他们不仅仅是在做一份工作，他们已经和那份工作融为一体了。在40多岁的时候，人们不是在做销售房子的工作，他们是一个房产经纪人；人们不是在提供客户服务，他们是一个客户服务代表；人们不是在做编程工作，他们是一个程序员。

很多时候，我见到一些20多岁的人，他们暂时做着一份工作，但内心明白那不是自己想要从事一辈子的职业。他们只是暂时找到一份工作来维持生计，同时想着晚点再找一份更能让自己感到充满动力的工作。

然后，时间快进到20年后——他们依然在做那份工作，只不过这已经不只是一份工作了，而是变成了他们个人定义的一部分。他们不会说："我在做会计方面的工作。"他们会说："我是一个会计。"

他们从来就没有想过让那份"暂时"的工作变成自己的长期职业，但这最终变成了事实。在做出最初选择的1年、10年或者某些年之后，他们丧失了那种把自己和工作区分开的能力。在某个时间点，他们不得不承认："我已经做这份工作太久了，我想我必须当一个会计了。"

当他们不得不大声说出这句话的时候，你会看到他们的眼中闪过一丝悲伤。在上一次高中同学聚会的时候，我见到了太多这样的人。

你在20多岁的时候，要格外当心那种只是"暂时"从事某个工作来赚钱、最终却被困在一条职业轨道上的风险。一个有用的方法是，问问你自己，你是否愿意 10 年后还做这份工作？如果你的答案是类似"绝对不行！"的回复，或者是一声冷笑，那你可能就应该马上离开当前的处境，寻找一个更好的地方。

如果你非常需要金钱，可以，但一定要当心，暂时的决定可能最终变成一辈子的道路。如果你没有一条清晰的退出策略，那你可能会发现，最终"退出"就是几十年以后的事了。

◎ 媒介使用

想想你在 20 多岁时养成的媒介使用习惯（包括社交软件）。你想在 40 多岁时依然保持这些习惯吗？

一些习惯可以让你感觉良好，如读书、看精彩的电影或者其他视频。而还有另外一些事情，如果你想到自己要继续保持它们几十年，你可能会感到有些担心。

今天的哪些媒介使用习惯，是你不想带到自己 30 岁、40 岁甚至更远的？请留意这些让你感到担心的事情，在你还有能力的时候，改变它们。

当我问一些狂热的社交软件用户，想不想在 10 年后还一直玩Twitter 和 Facebook 时，几乎每个人的回答都是："绝对不行！想想就够悲哀了！"即使是把这些软件当作市场营销工具的人，也不想在 10 年后还每天用着它们。

很显然，人们和这些软件之间有一种爱恨交加的关系。他们喜欢这些工具带来的社交上的好处，但是不喜欢它们天然具有的那种令人焦虑、上瘾的感觉。人们喜欢社交联系，但并不想对社交媒介上瘾。

今天，很多40多岁的人也沉迷于社交软件，因为这种习惯在他们20多岁或者30多岁时就已经开始了（不管那个时候流行的社交工具是什么）。如果你在5年前问他们，想不想在今天的年纪还每天沉迷于Facebook，许多人会说："绝对不行！"

这些人是不是会在50多岁时还继续着当前的习惯？可能吧。

很多20多岁时每天沉迷于社交软件的人，40多岁仍会每天沉迷于社交软件。那些社交软件可能会改变形式，但这些人的习惯并没有变。这种行为习惯可能会永远持续下去。

无论你现在有什么样的社交软件使用习惯，如果我问你是否会在30天后还保持这种习惯，你会怎么说？大多数人可能会承认，他们将保持这种习惯。

那么，如果等到30天以后，我再问你，是否会在60天以后还保持这种习惯，你又会怎么说？你可能会给出同样的答案。

这就是为什么一个习惯最终持续了几十年。

期望一项个人转变"晚一点"再开始，这通常等同于把它无限期推迟。在未来，你还会想着在"未来"会做出这项改变。

所以，如果你希望在接下来的5年里做出一项改变，那就从此刻开始。或者，在接下来5年里的每一天，你都想着自己会在接下来的5年里去实现这项改变。这项改变永远都在"某一天"，而这一天永远都不是今天。

这就是为什么在人生早期建立良好的习惯至关重要。是的，你永远都可以晚点再改变，但那会变得更困难。如果你在20多岁时沉迷于社交软件，那你可能在40多岁时还是一样，50多岁时还是一样，一辈子都一样。

看太多的电视节目、电影、新闻等等，都是一个道理。你越早养成这种习惯，就越难去撼动它们。

不要耍那种把戏，告诉自己你会在晚些时候改正这些问题。如果你能看到自己正在偏离轨道，那纠正方向的时刻就是现在。如果你现在不愿意改变，那是否愿意"判决"自己在未来至少20年里都保持这种习惯？本质上，那就是你正在做的选择。

◎ 健康

我参加过很多健康主题的会议，与会者一般都是40多岁，或者更大一些。很少见到有许多20多岁的人来参加这种会议，除非它是关于健身的（而不是身体健康和疾病预防）。人们在20多岁时往往觉得自己可以保持自己当前的生活习惯，在年龄大一些或者生了病的时候再做出改变。他们觉得，在事情变得必要的时候，会有足够的时间来进行改善。

这种思维方式的问题在于，我们在20多岁（甚至更年轻）时建立的生活习惯，很可能会在未来的几十年里持续下去。而我们坚持这些习惯的时间越久，它们就越不容易被改变。

几年前，我们一个研讨会的会员死于癌症，28岁。即便面临这种对生命的威胁，在他生命最后的18个月里，他发现还是很难让自己吃健康食品，除非给他一点额外的好处。癌症诊断书给他敲响了警钟，当然，他也得到了大量的建议：可以这样做，能够这样做，应该这样做……但这些没能让他做出改变。我想这可能只是增加了他的压力。

你可能认为，一份癌症诊断书足以让你有动力去优化自己的生活习惯。但实际上，你可能会对改变习惯的难度感到吃惊，即使在你的生命受到威胁时也一样。想象一下，在做出这些习惯改变的同时，你还要面临化疗、放射治疗、手术、戒毒、替代疗法等等。很多人在这个时候都渴望舒适和安全感，这些感觉只能从熟悉的习惯中获得，而不是从新习惯中获得。

◎ 阶段性实践

即使你想在20多岁时保持一些不太好的习惯（我完全理解），我还是建议你偶尔改变这些习惯。在生活的各个领域，阶段性地进行一些积极的尝试。即使你之后又放弃了这些好的习惯，以后重新找回它们也会容易得多，只要你想这么做，或者需要这么做。

至于这种积极实践的长度，我的建议是6—12个月。你可以从一个"30天实验"开始。然后，当你完成了30天的时候，继续下去。或者你也可以提前就决定坚持6—12个月，完全清楚这件事对未来的自己有多么重要。

在1997年（那年我刚26岁），我做出了一个新年誓愿：每天进行至少25分钟有氧运动，坚持一整年。我同时也在进行每周3—4次的格斗训练，但我不把这部分算在25分钟里。我知道，如果自己坚持一整年，那我就很容易在余生里一直坚持下去。最终我完成了这个新年誓愿。在开头几周过后，事情就变得相当容易了。

那一年之后，一个固定的习惯就被建立起来了，而且不会被轻易动摇。在之后的日子里，有时候我也会偷懒，几周都不运动，但我总是能很容易地回到规律运动的轨道上。每当需要重新开始的时候，就像计算机程序一样，我只需要把一个已经建立过的行为习惯"重新加载"就好了。

在2008年，我吃了6个月的纯素生食，然后又回到了以烹饪食物为主。现在，不管什么时候我想吃纯素生食，比如想体验更高的能量水平和拥有更清晰的头脑，我会发现自己很容易就可以"重新加载"这个习惯，一次坚持好几周。这种行为已经变得熟悉和舒适了，因为我只是在"加载"老习惯，而不是训练新习惯。

如果你在未来陷入严重的健康问题，那时你会发现改变自己的习惯已经非常困难了，在你感到压力重重时尤其如此。但是，如果你只是"重新加载"那些熟悉的老习惯，事情就容易得多。你能快速捡起自己曾经在"习惯库"里储备的那些老习惯，如纯素生食、每日冥想、瑜伽、采用最佳排毒方式等等。你不需要从头来学这些东西。

我在 20 多岁时建立了一些良好的长期习惯，进行了一些阶段性的实践，而那时我并不知道它们能在之后的人生里为自己带来多少益处。这让我感到很幸运。

我鼓励你也在 20 多岁时建立丰富的"习惯库"；在人生的晚些时候，你会庆幸自己曾做了这些事情。

◎ 习惯与长期视角

如果你对当前的生活并不满意，但一直保持当前的习惯，那你将继续不满意下去。明年会是一样，很可能许多年后还是一样。

有一些习惯在今天让人感到挺满意，但它们没有什么长期的积极影响。它们只是种逃避手段，或者带来暂时的快感，除此之外什么都不是。这些习惯通常都会自动维持下去。但是，如果你更加清醒自主和理性，你就会发现，用更好的习惯来替代这些短视的习惯有多么重要。

我在 20 多岁的时候，能连续玩 18 个小时电子游戏，这是一件让我很享受的事，但它不能给我带来任何长期的积极影响（除了能让我变成一个技巧更好的游戏玩家）。通过用"阅读"和"写作"来替代"玩游戏"，我虽然少了很多玩游戏的时间，但读了超过 1000 本书，写了超过 1000 篇文章，还出版了一本书。我觉得这种交换很值得。

请谨慎思考你当前习惯所带来的长期影响。你的习惯可能会把你引上一条路，让生活变得越来越令人满足，或者越来越令人失望。

今天的一个小改变，可能会在 10 年或者 20 年后产生巨大的影响。这听起来似乎是一段很长的时间，但这些时间早晚会过去。然后在某一天，你回过头来看今天的自己，可能会感激自己此刻的明智……或者，懊悔自己此刻的短视。

我经常回头去看自己在 20 多岁时做出的决定，庆幸自己当初花了那么多的时间，来思考这些决定会给自己和他人带来的影响。我希望自己在 60 多岁的时候，回头来看今天在 40 多岁做出决定时所进行的思考，也能感到同样的庆幸。

想象一下，20 年后的你回头来看自己今天的习惯，那时的你已经又被这些习惯影响了整整 20 年。你会感激自己坚持了哪些习惯？你又会苦苦乞求自己改掉哪些习惯？

◎ 未来的你

你在 20 多岁时建立的习惯、进行的实践，会带来一系列的结果。某一天，未来的你就会面对这些结果。到那时，你回头看自己今天的决定，是会充满后悔和鄙夷，还是充满感激和欣赏？你是会陷入讨厌的成瘾状态，还是被充满力量的习惯所支撑？你是否会有一个"习惯库"，里面装满了自己随时可以重新用到的积极经验？

20多岁的那个我犯了很多错误，他的失败要多过成功。但是，我对他充满感激，因为他投入了那么多的时间探索个人成长，不断学习，不断尝试，从来没有放弃。

他在20世纪90年代进行的那些个人成长实践，直到今天依然让我从中受益。他让我变成了一个企业主，一个跑者，一个纯素食主义者；他从不抽烟，从不酗酒；他以犯罪和被学校开除开始了那10年——完全不是什么好的开始。青少年时的他把自己搞得一团糟，但我深深地感激，他最终让事情扭转了过来，学会对未来的自己抱有一份同情和关心。他为我做好了一切准备，让我今天能尽情享受自己40多岁的时光。

在20多岁时，我经常想象和未来的自己进行对话，通常是5—10年后的自己。我想象如果坚持清醒自主地成长，到那时自己会变成怎样的人。我会询问那个人的意见，我会聆听他的回答。这是一种强有力的做法，让我知道谨慎地去思考，当前的选择会怎样影响到30多岁、40多岁，甚至更多年以后的自己。

如今，我依然提醒自己保持这种习惯，对50多岁、60多岁时的自己抱有一份同情。我愿意为他做好准备，让他能享有愉悦且满足的时光，直到我能影响到的最远，即使这意味着，我要在40多岁时面对一些额外的挑战。

在你生命中当下的 10 年里，在你努力践行个人成长的时候，请尽最大可能对未来的自己抱有一份同情。看着那个人，就好像他已经变成了现实，即刻反映出你当前决定所造成的未来后果。你有多关心他？你能为他传递一点爱心吗？你能付出一些额外的努力，好让他能够满怀感激吗？

专注于这样一个画面，未来的你幸福、健康、被爱、富足……想象任何对你来说重要的积极方面。然后，回到当下，想象他会怎样看待你现在所做的事情。

哪一件事会得到一句"谢谢"？而哪一件事会得到一句"求求你跨过这一步"？

如果你看到一个必要的改变，那应该开始的时间就是此刻。这就是你的时刻。

有关自律的一切

在这个系列里，我会讲自律的"五大支柱"。

自律的五个支柱：接纳（Acceptance）、意志力（Willpower）、困难任务（Hard Work）、勤勉（Industry）和坚持（Persistence）。后面我会逐个探讨这些支柱，阐述它们为什么很重要，以及怎样发展它们。但是，首先让我们来做一次总览。

什么是自律？

自律是一种能力，它让你能够坚持采取行动，无论情绪状态怎么样。想象一下，如果在任何情况下，你都能让自己按最正确的意念去行动，那你将会取得怎样的成就？想象一下，你对自己的身体说："你太胖了，请减掉20磅。"如果没有自律，这个意念就不会有任何结果，但如果有足够的自律，那目标就会实现。

自律的最强状态，就是你达到这样一种状态：只要自己做出一个清醒的决定，就一定会完成它。自律是你在个人成长上可以获取的诸多能力之一。它当然不是万能灵药，但它能解决非常重要的问题。当通过其他途径也可以解决这些问题时，自律绝对是所有途径里最强的。

自律能赋予你力量，让你克服成瘾状态，或者减掉体重。它能横扫拖延、混乱以及愚昧。在自律能解决的问题领域，它是一项无可比拟的能力。而且，当它和诸如激情、目标设定、规划等结合在一起的时候，它就会变得更加有威力。

我自己关于打造自律的看法，可以用一个类比来很好地阐释：自律就像肌肉，你训练得越多，肌肉就变得越强；你训练得越少，肌肉就变得越弱。就像每个人的肌肉强弱不同，我们的自律水平也各不相同。每个人都有一定程度的自律——如果你能屏住呼吸几秒钟，那你就拥有一点自律。然而，不是每个人都能把自律发展到同样的水平。

就像需要通过使用肌肉来训练肌肉，你也需要通过自律来打造自律。

打造自律的方法和通过力量训练来增强肌肉很相似。也就是说，要使用那些接近你极限的重量。在进行力量训练时，你举起自己可承受范围内的重量，不断给肌肉施压，直到它无法承受，然后再进行休息。

类似地，打造自律的基本办法就是接受你能够达成的挑战，但这些挑战要接近你的极限。这并不是说尝试一件事情，让你每天都遭受失败；当然也不是让你停留在自己的舒适区。挑战超出自己能力范围的重量，或者举起对自己来说太轻的重量，这些都没法让你变得更强。你必须从那些在自己能力范围内但又接近极限的挑战开始。

"渐进式训练"意味着每当你完成某种强度时，难度就进一步增加。如果你总是使用一样的重量，肌肉就永远没法变得更强；类似地，如果你在生活中不去挑战自己，那你就永远无法获得更高水平的自律。

如果接受训练，很多人的肌肉都可以变得强壮；但多数人的肌肉强度远低于他们原本能达到的水平。多数人的自律也同样远低于他们原本能达到的水平。

在打造自律的过程中，把自己逼得太狠是不对的。如果你想在一夜之间改变人生，设定几十个新目标，指望自己从第二天开始全部坚持下去，那你几乎肯定会失败。这就好像一个人第一次去健身房，然后直接尝试卧推 300 磅。你只会看起来很可笑。

如果你只能举起 10 磅，那就只举起 10 磅。从自己的真实水平开始成长，这没什么不好意思的。

我至今还记得，几年前，自己刚开始在私人教练指导下训练的情景。第一次尝试肩上推举的时候，我只能推动那根 7 磅的杠铃杆，没法再加任何重量。我从来没有训练过自己的肩膀，所以肩膀很弱。但几个月后，我就可以推 60 磅了。

类似地，你的自律水平可能暂时很低，但你依然可以充分利用这点很少的自律，进而获得更多的自律。当你变得越自律，生活就变得越容易。当初看起来完全不可能的挑战，最终会变得像小儿科一样。当你变得越来越强时，同一个重量看起来似乎就变得越来越轻了。

不用拿自己和别人比较，那没什么用。你只会得到自己原本就料想到的那种结果。如果你觉得自己很弱，那其他所有人都似乎比你更强。如果你觉得自己很强，那其他所有人都似乎比你更弱。这么做没什么意义。只需要关注自己当前所处的水平，然后明确目标，不断变得更好。

举一个例子。假设你想每天都能专心工作 8 个小时，因为你知道这会极大地影响自己的职业生涯。

有天早上我听了一个课程，其中引用了一个研究，说办公室工作者平均把 37% 的时间花在无聊的社交活动上，更别提其他的事情了（比如他们在 50% 的时间里都没什么产出）。所以这里有很大的提升空间。

可能你想尝试 8 个小时不分心地工作，但你只能完成一次，第二天就会彻底失败。没关系，你完成了一个 8 小时，而两次暂时对你来说太多了。

所以，缩短一点，哪种长度可以让你连续完成 5 次（即一周的工作日）？你能不能每天专注 1 小时，但坚持 5 天？如果做不

到，那就再缩短到 30 分钟或者任何你能做到的长度。如果你成功
了（或者觉得太简单了），那就提高难度（也就是提高自己的耐
受力）。

当你在某个强度水平上能完成一周时，你就在下一周把难度
提高一点。继续这个渐进式训练，直到你达到自己的目标。

虽然这种关于自律的类比并不完美，但我已经从中得到了很
多好处。通过每周提高一点难度，你始终处于自己的能力范围内，
同时却变得越来越强。

在进行力量训练时，你做的动作本身并没有什么特别的意义。
把一个哑铃举起来又放下，这个动作本身并没有什么好处——好
处是肌肉的增长。

然而，在打造自律的时候，你却可以在做的事情中也得到好
处，所以这甚至是一件更好的事情——你在做某件事情（也就是
"训练"）的过程中本身就可以获得某些价值，同时自己的自律水
平还能变得更高，这种感觉相当棒。

◎ 自律：接纳

在自律的五个支柱里，第一个就是"接纳"。接纳意味着你能
准确地感知现实，并且清醒地承认你所感知到的现实。

这听起来可能既简单又明确，但实际上难度极大。如果你在

生活中的某个领域长期受到困扰，那问题的根源很可能就是你没有做到客观接纳现实。

"接纳"为什么是自律的支柱之一？因为人们在自律上犯的一个最基本的错误，就是无法准确感知并接受他们当下的现实。还记得前面讲"自律"时用过的类比吗？如果你想在力量训练中取得成功，第一步就是搞清楚自己当前能举起多大的重量。

自己现在到底有多强？除非你清楚自己处在什么位置，否则你不可能有一个合理的训练计划。

在自律方面，如果你还不清楚自己处于什么样的水平，那你就很可能得不到任何提升。不妨想象一下，一个准备健身的人，完全不知道自己能举起多大重量，固执己见地坚持一个训练计划。他选的重量肯定要么太重，要么太轻。

如果太重，他就完全举不起来，所以肌肉也就得不到强化；如果太轻，轻轻松松就举起来，那肌肉也同样无法强化。

类似地，如果你想提高自律水平，也必须知道自己当前是什么水平。你现在有多强的自控力？哪些挑战对你来说比较容易，哪些根本不可能？

这里有一个挑战清单，你可以借此评估一下自己当前的自律水平（排序不分先后）：

· 你是否每天洗澡？

· 你是否每天早上在相同时间起床？周末是否也一样？

· 你的体重是否超重？

· 你是否有想戒掉却没成功的上瘾行为（咖啡因、尼古丁、糖等等）？

· 你收件箱里的未读邮件此刻是空的吗？

· 你的办公室整洁而布置有序吗？

· 你的家里整洁而布置有序吗？

· 通常你在一天中会浪费多少时间？周末呢？

· 如果对某人做出承诺，你有多大可能会将其兑现？

· 如果对自己做出承诺，你有多大可能会将其兑现？

· 你能禁食一天吗？

· 你的电脑硬盘整理得怎么样？

· 你多久锻炼一次？

· 你经历过的身体方面的最大挑战是什么，那是多久之前的事？

· 你一天里能专心工作多少个小时？

· 你的待办清单里有哪些事项搁置超过了 90 天？

· 你有清晰的、用文字记录下的目标吗？你有把完成它们的计划写下来吗？

· 如果你失去了工作，你每天会花多长时间来寻找新工作，以及你能把这种努力水平保持多久？

· 你每天看多长时间电视？你能 30 天不看电视吗？

·你现在看起来怎么样？你的外在形象（衣着、头发等等）体现出了你怎样的自律水平？

·你选择食物主要是基于健康考虑，还是美味／满足感？

·你上一次主动建立一个积极的新习惯，是在什么时候？改变一个坏习惯呢？

·你有债务吗？你把它当作一份投资还是一个错误？

·你是事先决定要阅读这本书，还是碰巧看看？

·你能告诉我明天你将做什么吗？下周呢？

如果按 1—10 给自己的整体自律水平打个分，你打几分？

如果你的答案是 9 分或者 10 分，那你还能进一步取得哪些成就？

就像我们用不同的动作来训练不同肌肉群一样，自律也分成不同的领域：睡眠上的自律，饮食上的自律，工作习惯上的自律，交流上的自律，等等。我们需要用不同的训练来改善自律的不同领域。

我的建议是，找一个你的自律水平比较差的领域，分析自己当前的自律水平，接纳自己的起点，然后为自己设计一套训练计划来在这个领域获得提升。从一些你能完成的、相对简单的事情开始，然后逐步过渡到更大的挑战。

"渐进式训练"对自律的作用，和对肌肉的影响一样。比如，如果你连 10 点起床都做不到，那能做到每天早上 5 点起床吗？估计不行。但是你能在 9:45 起床吗？非常可能。当你做到之后，能不能继续提前到 9:30 或者 9:15 ？当然可以。

我自己在开始每天固定 5 点起床的时候，已经提前尝试了一段时间。我原本的起床时间在 6:00—6:30，所以更进一步虽然很有挑战性，但这是可以完成的，因为我本身就已经比较接近目标了。

不懂接纳只能让人变得无知，或者只会否认现实。

在无知的情况下，你不知道自己的自律水平是什么样的——你可能从来都没有想过这个问题。

你根本不知道自己不知道。

对自己能做什么、不能做什么，你只有一个模糊的概念。你将经历一些简单的小成功和惨淡的失败，但失败的时候你更可能会归咎于事情本身，或者归咎于自己。你意识不到，其实只是你选择的"重量"对自己来说太大了，你需要变得更强才行。

而当你否认自己的自律水平时，你就把自己困在了对现实的错误认知中。对自己的能力，你要么过于悲观，要么过于乐观。就像那些不了解自己力量的训练者一样，你无法变得更强，因为你难以找到适合自己的训练强度。

在过于悲观的情况下，你会选择很轻的重量，逃避那些你实际上能举起来的更大的重量，然而只有这些更大的重量才会让你变得更强。

在过于乐观的情况下，你会尝试那些对你来说太大的重量，结果只会失败，然后你让自己备受打击，或者决定更费劲地尝试；然而这些都没法让你变得更强。

在追求自律的道路上，我自己收获了很多。20岁的时候，我住在一个狭小的公寓单间里；每天的睡眠时间大概是凌晨4点到下午1点；每天吃大量快餐垃圾食品；除了偶尔长距离散步，没有任何其他运动；收邮件似乎是我每天的一项重要成就；最开心的事就是和朋友一起出去闲逛；到月末的时候，我总是记不起当月的很多重要事情。

我没有工作，没有车，没有收入，没有目标，没有规划，当然也没有什么未来。我唯一感觉到的就是自己有一大堆似乎永远不会改善的问题。我完全意识不到自己可以掌控自己的人生，每天坐等各种事情发生，然后对它们做出被动反应。

但最终，我学会面对一个现实：被动等待是行不通的。如果我想要得到什么，那我就要为之付出实实在在的努力。开始的时候，我要面对很多艰难的挑战；但我最终克服了它们，很快就变得更强大了。

14年转眼过去了，就好像昨天的事情一样。如今，我早上5点起床，每周锻炼6次；我吃包含很多新鲜蔬菜的纯素食；我把家里的办公室布置得井井有条；门口的信箱和电子邮箱里都是空的；我结婚了，养育着两个孩子，生活在一座很不错的房子里；我的办公桌上有一个活页夹，上面写着自己的目标和详细执行计划。今年定下的一部分目标已经完成了。

我从没有像今天这样清楚地知道自己想要什么，我每天都在做着我热爱的事情。

我知道自己在做的事情是有意义的。

这些事情都不是碰巧发生的，每一个都需要有意去达成。当然，这些也都不是一夜之间做到的，而是花费了很多年时间。

它们依然还是很难的事情，只不过我如今已经变得更强大了，所以 20 岁时难以逾越的困难，在今天看起来都很容易了。如今我可以应对更大的挑战，获得更好的成果。

如果我在 20 岁时就尝试做现在的所有事情，那我会一败涂地。

20 岁的史蒂夫还没有能力应对今天这些挑战，哪怕一天都不行。但对现在 34 岁的史蒂夫来说，它们都很简单。所以我现在很好奇，48 岁的史蒂夫将能够做到哪些事情呢……当然，这些事情一定是和我自己的人生规划相关的，而不是受他人的影响去做的。

我告诉你这些，是想让你留下深刻的印象——但不是为了我，而是为了你自己。我想让你在未来的 5—10 年里被自己所能达成的成就所震撼，只要你一步一步地去提升自己的自律水平。

这不是一件容易的事，但非常值得去做。

你需要做的第一步，就是完全开放地接纳自己当前的自律水平，无论你对此感到高兴还是沮丧。请真实面对自己当下的状态——可能这感觉并不好，但这就是事实。

如果你不能接纳自己当下的状态，那你就永远没法变得更强。

◎ 自律：意志力

平庸者和成功者的区别，不在于缺少能力，不在于缺少知识，而在于缺少意志。——美国传奇橄榄球教练文斯·隆巴迪

意志力——如今似乎成了一个不好的词。你看看有多少商业广告，宣称他们的产品能够代替意志力！它们告诉你意志力并不管用，然后就开始向你兜售一些"又快又简单"的东西，比如减肥药，或者某些奇怪的运动器械。

通常情况下，他们会承诺在极短的时间里达到某种根本不可能的效果——这样做还挺安全的，因为那些缺乏意志力的人，可能都不会去花时间退回这些没用的产品。

但你猜怎么样？意志力绝对是管用的。但如果要充分利用它，你必须了解它能做到什么，以及做不到什么。说意志力没用的那些人，只是把它用在了不该用的地方。

什么是意志力?

意志力是一种能力，它让你能够设定好一系列行动，然后说："开干！"

意志力能提供一种猛烈却短暂的推动力。你可以把它看作一个一次性的"推进器"，它会很快耗尽自身燃料，但能产生适时的

推动作用。它能提供一种爆发力，让你得以克服懒惰，建立起前进势头。

意志力是自律的"先头部队"。用第二次世界大战来打个比方，意志力就像诺曼底登陆，它是扭转战局的关键战役，使局势进入一个新的方向；但最终的胜利可能还在一年以后呢。

如果在战争的每一天都付出像诺曼底登陆一样的代价，那是不可能的。

意志力是一种火力的集结。你集中己方力量，做出猛烈一击；你战略性地直击当前问题的要害，直到它被撕开一道口子，然后你就可以长驱直入，最终将其攻克。

意志力的使用包括下面三步：

第一步，选择目标。
第二步，制订袭击计划。
第三步，执行计划。

通过意志力，你可以完成第一步和第二步，但走到第三步的时候，如果仅凭意志力，你很快就会感到非常艰难。

在面对困难和挑战的时候，不要试图靠一种每天都需要大量意志力的方法来解决问题。

· 用意志力建立起可持续下去的势头

· 用意志力创造自我维持的动力

如果意志力只能被用在短时间、强烈的爆发阶段，那怎样才能充分利用它？当短暂的意志力被用尽时，你怎样才能避免再次回到旧的习惯中去？

使用意志力的最好方法是，用它来打造一个"滩头阵地"，这样后续的进攻就不会都得付出像开始阶段那样巨大的代价。

还记得诺曼底登陆吧？一旦盟军建立起滩头阵地，继续前进就变得容易多了。

当然，前方的挑战依然很大，特别是在犀牛坦克来破除障碍之前，盟军在树篱间的近距离战斗都非常艰难。但是，这却比接下来一年的每一天里都高度集中火力、在诺曼底进行全面的抢滩登陆要容易得多。

所以，使用意志力的正确方式，是建立一个滩头阵地——永久性地改变战场格局，让继续前进变得容易一些。利用意志力的作用，来避免陷入持续性的高强度状态。

一个例子

让我们来看一个具体的例子：假设你的目标是减重 20 磅，于是你想调整饮食。

这当然需要意志力，你在第一周也做得不错。但几周之后，你又回到了旧的习惯，体重又反弹了回去。

你再次尝试不同的饮食，但结果都一样。你总是无法把改变的势头维持足够长的时间，以便达到自己的目标。

这很正常，因为意志力本身就是短暂的。它是用来短跑冲刺的，而不是用来跑马拉松的。

意志力需要清醒自主的专注，而这非常耗费精力——这种状态无法维持太久，最终总会有一些东西让你偏离轨道。

让我来告诉你使用意志力的正确方式。

你应该完全接受自己只能拥有时间较短的意志力爆发——可能最多也就几天，在这之后意志力就会消耗殆尽。

于是，你最好用这点有限的意志力，来改变身边的环境，以便后续维持势头不会像开始一样艰难。你要使用意志力，在目标海岸上建立自己的滩头阵地。

然后，你就可以坐下来，制订下一步的计划，这就不需要花费过多的精力了。你可以在接下来的许多天里，逐步去完成剩下的工作。

你可以找出为了成功而需要逐个击破的目标。

首先，所有垃圾食品都要从厨房清除出去，包括任何你可能想要多吃的东西。用能够帮你减重的食物来进行替代，如水果和蔬菜。

其次，你很清楚，如果回到家很饿又没有东西可以吃的话，自己就会想吃垃圾食品。所以你可以每次提前准备一周的食物，这样你的冰箱里就总会储存着一些东西。

你可以每周末安排几个小时来购物，以及准备下周的食物；找一些不错的烹饪健康食物的书籍；在自己卧室的墙上贴一张体重表；买一个能测体重和体脂率的秤；在冰箱上贴一个本周食物列表（5 顿早饭，5 顿午饭，5 顿晚饭）……

到目前为止，这些都写在了自己的计划里。

然后，执行计划——坚决而又迅速地执行。你甚至可以在一天之内完成。

参加第一次减重学习班，然后拿回所有减重相关的材料；把垃圾食品从厨房里扔出去；购买新的食物，新的烹饪书籍，新的体重秤；把体重表和食物列表贴起来；挑选食材然后把下周的食物做好。哇！

在这一天快结束的时候，你并没有用意志力来直接进行饮食调整，但你用它来建立起了所有基础条件，而正是这些基础条件，让你之后的饮食计划能更容易地执行下去。

当你第二天一早醒来时，你会发现周围环境都完成了和新饮食计划相一致的改变。你的冰箱里都是已经做好的健康食物；家里没有任何垃圾食品；你将是一个每周参加减重学习班集会的会员；你将每周有一个固定的时间来购物和准备食物。

为了保持新的饮食习惯，你依然需要一定程度的自律。但是，你已经完成了如此多的改变。相比没有这些改变的情况，如今事情已经容易多了。

不要直接用意志力去攻克你最大的难题。用意志力去改变身边的环境，以及社交方面那些引起问题的地方。

先建立一个滩头阵地，然后搭建防御工事（也就是形成新习惯，你可以通过一个"30天实验"来实现）。

习惯会让行动进入自动延续的状态。这样，你只需要很少的意志力就能坚持下去，不用再付出太多努力，最终你会逐步实现自己的目标。

◎ 自律：困难任务

> 生活的一大秘密就是：没有什么大秘密。不管你的目标是什么，只要你愿意努力，你都可以到达那里。——奥普拉·温弗瑞

困难任务——这又是一个"不好"的词。

我对"困难任务"的定义是：那些能给你带来挑战的事。

为什么"挑战"很重要？为什么不做那些最容易的事？

大多数人会选择那些最容易的工作，避免难做的事，而这恰恰是你应该做出相反选择的原因。大多数人都在寻求做容易的事，去争夺那些肤浅的机会，所以真正困难的挑战下反而有少得多的竞争者，以及多得多的机会。

非洲有一个两英里深的金矿，开采者当初花了几千万美元来开发它，但它最终成了历史上利润最高的金矿之一。这些开采者经受了很多艰难问题的挑战，但最终这些付出都获得了回报。

我还记得，在1999年开发电子游戏的时候，我用4个月全职工作去完成了一份只有5页的设计文档。当时做的是一个逻辑益智游戏，我发现真正有挑战的是做出正确的设计。在设计完成后，其他事情就只花了两个月——编程、美工、音乐、音效、编写安装文件以及游戏发布等等。

我有意花那么多时间在设计上，是因为那时我相信，这才是能获取竞争优势的地方。我知道自己没法在技术特性上和别人竞争。

在开发这个游戏前，我做了市场调研，发现了大量轻易就能开发出来的游戏。市场上充满了以前老游戏的新克隆版本，都是些最容易做出来的东西。早期我自己做的游戏也缺乏很好的设计，主要都是射击类的。

设计出独一无二的原创游戏，这是一件困难得多的事情，不过这也会得到很好的回报。我创作的Dweep这款游戏，赢得了2000年的软件行业大奖，而它的改进版（Dweep Gold）在第二年再度获奖。由于这款游戏的成功，我受到了《纽约时报》的采访，这次采访内容和我的照片被刊登在了2001年6月13日的商业版上。

自1999年6月1日发布以来，已经过去了很多年。它使用的技术根本没法和今天相比，它在刚发布时就没法在技术上和相同领域的其他游戏相比。

但是，在游戏设计上，它却可以和同领域最好的游戏相媲美。

我发现，很多玩家更愿意玩一个哪怕带着日期图表但原理设计很好的游戏，而不是一个加了最新技术却内容浮浅的游戏。

Dweep 的长期成功给我上了一课：完成困难任务是有用的。

如果我当初在设计阶段就挑一条最容易的路，那 Dweep 就不可能获得这样长久的成功。就像那个金矿的故事一样，我选择去做了真正有难度的事情，所以市场上其他游戏要替代它就非常困难。

如果要打败 Dweep，其他人就要挖得比我更深。但极少有人愿意做这件事，因为创造性的游戏设计是极其困难的。每个人都说自己有一个很好的游戏创意，但最终把创意变成可实现的、有趣的、原创性的作品，是一件非常困难的事情。

当我分析那些在 5 年甚至更长时间里保持成功的游戏时，我总是能看到背后设计者的一种意愿，他们愿意做其他人不愿做的有难度的事。特别是在今天的市场上，那些毫无创意的简单游戏甚至比我进入行业时更多。

通常情况下，艰难挑战带来的是更加优秀的成绩。

当然了，你也可以靠运气，找一条容易的路来获得成功。但你能把这种成功长期保持下去吗，还是仅仅碰巧发生一次？你能重复获得这种成功吗？一旦他人知道你是怎么做的，你会不会顿时就面临着大量竞争？

当你通过自律去做困难的事时，你就进入了不一样的维度，你取得的成功别人很难超越。选择困难任务的意愿，就像一把打开秘密宝藏的钥匙。

"困难任务"这条原则的一个好处是，它是通用的。不管你处在什么行业，完成困难任务都可以用来取得长期的积极成果。

我用这套相同的方法来经营个人成长领域的生意。我做很多困难的事；我选择解决其他人不想解决的问题，而无视那些轻易就能做到的事情；我力求更深入地挖掘各种成长主题，寻找真正的"金矿"；我进行大量阅读和调研；我写很长的文章，把自己最好的点子免费分享出去，所以我持续迫使自己把"最好"做得"更好"。

如果把这些时间投入在自己的游戏生意上，我赚到的钱会比现在多得多。现在这条路困难得多，而且在决定成为专业演讲者之前，我都已经进行了一年多的训练了。

但是，我愿意付出这份代价。我不会去选择一条容易的路，让自己爬到一个轻易就能够到的位置上——我只会有朝一日再掉下去。

我不会登上讲台，去讲一些肤浅的东西，获得一点掌声然后拿到一张支票，最终却无法给任何人带来帮助。

如果要花很多年，那就花上很多年。

我也用相同的方法来写自己的书，这也是个困难任务。但是，我想让它成为一本 10 年后还有人在读的书。

相比那些今天占据了书店"心理"类区域的书，写一本符合我自己期望的书要付出至少 10 倍的努力。但是，那些轻易写出来的书很多都会在一年内就下架，甚至很少有人记得它们存在过。

困难任务是有回报的。当人们告诉你相反的结论时，要当心他们紧接着鼓吹的那些"又快又简单"的东西。

处理困难任务的能力越强，你就会得到越大的回报；你挖得越深，就越有可能找到更多的宝藏。

保持健康是一个困难任务；建立并维持一段良好的感情关系是一个困难任务；养育孩子是一个困难任务；变得有条理是一个困难任务；设定目标、制订计划、让自己保持在正确的轨道上是一个困难任务；甚至连"快乐"都是一个困难任务（真正的快乐来自高度的自尊，而不是那种虚假的来自否认和逃避的"快乐"）。

"困难任务"和之前讲过的"接纳"是紧密联系的。你必须接纳的是，生活中的很多问题只有通过承担困难任务才能解决，别无他法。

可能你还没那个好运，建立一份令人满足的感情关系，那也许找到它的唯一途径，就是先承认自己要去做以前总在逃避的事情；可能你想减轻体重，那也许是时候了，先承认实现目标需要自律的饮食习惯和锻炼（都是困难的事）；可能你想增加收入，那也许你应该先承认，实现目标的唯一办法是承担真正有难度的工作。

当你停止逃避，不再害怕困难任务、不再总是向困难任务低头时，你的生活就会提升到一个全新的水平。把困难任务当成你的盟友，而不是敌人。

◎ 自律：勤勉

"勤勉"就是努力地做事。

和"困难任务"相比，勤勉并不一定意味着做充满挑战和困难的事。勤勉很简单，指的就是投入时间而已。你可以勤勉地做困难的事，也可以勤勉地做简单的事。

想象一下，假如你有一个小孩子，你会花很多时间给他换尿布，但这并不是个困难工作——你需要的只是每天一遍又一遍地去做。

在生活里，有很多事情并不一定复杂，但这些事情同样需要你投入大量的时间。如果你不用自律来约束自己，这些事情就会让你的生活变得十分混乱。

想想所有那些需要做的小事：购物，烹饪，打扫卫生，洗衣服，交税，付账单，房屋维修，照顾孩子……

这些还只是家务类的。如果你把工作事项加进来，这个清单会更长。这些事情对你来说可能不是最重要的，但你还是必须去做。

"自律"要求我们发展一种能力——把时间投入到需要投入的地方。

很多问题的出现，就是因为我们拒绝把时间投入到需要投入的地方，拒绝用正确的方式去解决——小到一个杂乱的办公桌或者混乱的邮箱，大到大型公司的财务丑闻。

小问题或者大问题——随便你挑，哪一种问题背后都有一个关键的因素：拒绝去处理需要被处理的问题。

有时候需要做的事情很明显，也有时候我们完全看不清。但无论如何，忽略问题是没有任何帮助的。如果你不知道需要做的事情是什么，那你需要做的第一步就是找出这件事情。这可能需要你去收集信息和进行一些自学。

2004 年的时候，为了创建自己的博客，我不得不搞清楚到底怎么做这件事。我花时间去阅读其他博客，对各种各样的博客工具进行评估，通过这种方式来提升自己在这方面的能力。这对我来说并不难，但是我需要投入大量的时间。

有时候我们会把一些烦人的小事拖得太久。

我和妻子在 1 月份买了一套新房，但过了很久我们才拆开了最后一个箱子。我们在搬家后的几周里整理了大多数东西，但有那么几个箱子被堆在了角落，谁都不想去拆。为什么？因为我们都不知道该把里面的东西放到哪里。似乎最简单的做法就是忽略这个问题，然后希望这些箱子会变魔术般地自己打开。

最终，我们还是拆开了这些箱子，同时还处理了其他几件已经火烧眉毛的维修工作。

做这些事情并不困难，也不用花很多钱，需要做的只是投入时间。这并不需要很多技能或者耗费很多脑力，我们需要做的就是，承认这些问题需要被解决，花几分钟想好怎么解决，然后去解决。

投入时间

生活中有很多问题都不需要多少脑力，解决方案主要就是投入时间。

如果你的邮箱被塞满了，那这并不是个很有难度的事情。相信我，一定有很多事情比处理邮件更有难度。我敢保证，你肯定有足够的脑力来处理这件事。清空收件箱只是一个投入时间的问题。

这件事可能需要你花几个小时去做，但如果值得花几个小时去把问题解决掉，那就花几个小时去解决掉。你也可以一边做一边听点放松的音乐。或者，就先按"全选"，再按"删除"，搞定。

在你当前的待办清单里，有多少问题是仅仅通过"勤勉"就可以解决掉的？有时候你根本不需要多有创造力或者多聪明——
一个简单直接的办法就足够了。

我们很容易觉得，这没有必要，这得花很多时间，这很无聊，
这根本没那么重要。

但是，问题还是得解决。

当然，无论什么时候，如果你能找到一个不用花时间的办法，
能更快更好地解决问题，那就尽管去用。但是，如果你清楚这是
一个不投入时间就没法解决的问题（就像我屋子里那些没法自动
打开的箱子），那就接受现实，然后动手解决掉。

别抱怨，别磨磨叽叽。动手去做。

提高你的个人效率

用"自律"让自己变得勤勉，这让你能够从每天的时间中
"挤出"更多价值。

时间恒定不变，但你的个人效率并不是这样。一些人每天使
用时间的方式，就是要远比另一些人高效。

让人奇怪的是，人们会花额外的钱去买运行速度更快的电脑
或者更省油的车，但他们几乎从不花任何心思去提升自己的能力。

从长期来看，个人效率带给你的好处，要远远超过一台电脑
或者一辆车。把一台用了10年的老电脑给一个勤奋的程序员，再
把一台有着最新科技的电脑给一个懒惰的程序员。给他们一年时

间，前者会比后者完成多得多的工作。

尽管有很多提高效率的技术工具，但个人效率依然是你最大的瓶颈。别一心只想靠技术工具来提高效率。如果你不思考在没有工具时怎样提高效率，那你在有工具的时候也不会更有效率——这些工具只会掩盖你的坏习惯。

但是，如果你在没有技术工具时已经是勤勉的，那工具就会让你更进一步。请把工具看作一个"力量倍增器"——它只能让你本身已有的力量进一步增强。

如果你想更好地利用自己的时间，我建议你从这一节里介绍的方法开始：3 倍提升你的工作效率（在 PART 04）。

这背后的基本原理是，首先要衡量你当前的效率水平（文章中解释了怎样通过"时间日志"来实现），计算你当前的"效率比"，然后再逐步提高它。

我已经反反复复用了这个工具很多次，至少每半年一次。这个工具让我能清醒地意识到自己在怎样利用时间。

几个月前，我刚用了一次，记录自己在几天里的时间使用情况。结果我吃惊地发现，几乎没有什么改进的空间了。

从写这一章时开始算，达到现在这种状态我花了 5 年时间，不过我终于感觉到自己是在有效率地使用时间了。我依然会时不时变得不够有效率，但这些都是例外情况了。大多数时候我都能在回顾一天时感觉："今天我真的做了很多事情呢，很难再做得更好了。"

5 年前，我意识到自己需要做这件事。我花了这么长时间来建立这份优势和自律，让自己能够长期保持高效状态。这不是件容易的事。

当你追求个人效率的提升时，你偶尔可能会感到抓狂，但最终这些付出都将得到回报。

我相信很多人会很自然地被"提高效率"的点子吸引。如果你能更高效地使用时间，你就能完成更多事情，也就能更快获得相应的成果。

效率的提升让你在生活中获得足够的时间，去做所有你认为应该做的事情：吃健康的食物，锻炼，努力工作，加深人际关系，拥有良好的社交，取得一些成就，等等。

如果没有足够的个人效率，那你可能就得放弃一些重要的事情，你就会在健康和工作、工作和家庭、家庭和朋友之间的选择上充满冲突。

勤勉让你有能力去享受所有这些事情，让你不必选择工作牺牲家庭，或选择家庭牺牲工作。你能两者都拥有。

当然，勤勉只是很多个人成长能力中的一个。它让你能够有效地完成工作，但它没法告诉你应该去做哪些工作。

勤勉是一个比较低级别的能力。努力工作并不一定代表聪明地工作，但勤勉的这个缺陷不会抹去它在个人成长中的地位。当你做出了决定、制订了行动计划之后，就没有什么能代替勤勉的作用了。

从长期来看，你取得的成果来自你的行动，而勤勉就是关乎行动。

◎ 自律：坚持

世上没有什么能替代"坚持"的力量。才华不能，有才华但不成功的人到处都是；天赋不能，有天赋但没成就的人也很常见；教育不能，世界上满是受过良好教育的失败者。

> 只有坚持和决心才有最强大的力量。"坚持到底"这句口号，已经并且将永远能够解决人类遇到的真正问题。——卡尔文·柯立芝

"坚持"是自律的第 5 个支柱，也是最后一个。

什么是坚持？

坚持是一种能力，一种无论你感觉如何都能保证行动的能力。即使你感觉想放弃，你依然能够行动下去。

当你为一个大目标而努力时，你的动力会像潮水一样时高时低。有时候你感到动力满满，而有时候你就不这么觉得。

但是，最终产生实际结果的不是你的动力——而是你的行动。

坚持让你能在感觉没动力时依然保持行动。也正因此，你才可以不断积累而达到最终目标。

　　坚持这种行为本身会生成动力——如果你坚持行动，你最终将获得实际成果，而看到实际成果又会激发你的动力。比如，当减掉最初 10 磅、旧衣服开始变松的时候，你应该就会变得对健康饮食和锻炼更加热情了。

什么时候放弃？

　　你应该永远都坚持、永远不放弃吗？当然不是。很显然，有时候放弃是最好的选择。

　　你听过 Traf-O-Data 这家公司吗？那你听过微软吗？这两家公司都是比尔·盖茨和保罗·艾伦创立的。

　　Traf-O-Data 是他们在 20 世纪 70 年代创立的第一家公司。盖茨和艾伦经营了几年，最终放弃了。当然，他们创建了一家更好的公司——微软。

　　如果他们没放弃 Traf-O-Data，我们今天就听不到那么多关于微软和盖茨的精彩故事了。

　　那么，怎么知道什么时候该坚持，什么时候该放弃呢？

　　你的计划还是正确的吗？如果不是，刷新计划。

　　你的目标还是正确的吗？如果不是，刷新目标，或者干脆放弃它。死守着一个已经无法让自己感到鼓舞的目标，这没什么光荣的。

坚持并不是固执。

对我来说尤其需要注意。一直以来，我总相信永远都不应该放弃：当你设定了一个目标，就算很痛苦你也要走到最后，"船长要跟自己的船一起沉没"，等等。每当我没完成一个项目时，我就会感到很愧疚。

最终我发现，这都是胡扯。

如果你真的是作为一个"人"在成长，那你每年都会变成和之前一年不同的人。

如果你是清醒自主地追求个人成长，那这种变化往往是快速甚至戏剧性的。

你没法保证，今天设定的目标是你一年后还想去实现的。

我的第一份生意是 Dexterity 这家软件公司。1994 年，我在刚刚大学毕业时创建了它。在经营了十几年后，我准备好去迎接一些新的挑战了。我依然经营着 Dexterity，但它不再是我最主要的关注点了。

每周我只用 1—2 个小时来维护这个公司，一定程度上也是因为我把它管理得尽可能自动运转，这样它就能给我带来一些被动收入。它达到了我的预期。我本可以继续经营下去，让它变得更大，但我很清楚自己并不想用余生去做电子游戏。

创建游戏公司是我 22 岁时的梦想，但在发布了几十款游戏之后，我感觉自己已经实现了当初的目标。22 岁的史蒂夫很满意了，但今天的我有了不一样的梦想。

我放弃了 Dexterity 吗？你可以这么说，但更准确的说法应该是，我接受了一些新的愿景，这些事情对我来说远比游戏重要。

如果我固守着 Dexterity 不放，那现在的个人成长网站就不会存在；我会开发出一个新的电脑游戏，而不是写出自己的第一本书。

为了给新目标腾出空间，我必须完成或者舍弃旧的目标。有时候，新目标是如此有吸引力，如此鼓舞人心，以至于我没时间去完成那些旧的目标——它们必须被中途舍弃。

我总觉得这么做很不舒服，但我知道这是必要的。这是一件难事，你要清醒自主地决定舍弃一个老项目，知道它永远都不会完成了。

我有一个文件夹，里面装满了关于新游戏的创意，但它们永远都不得见天日了。在很长时间里我紧抓着这些不放，但如果想获得成长，放手就是必要的。

如今我依然需要处理这个问题。为了实现真正的成长，原本设定好的目标可能在一年之后就要被放弃。我是怎么处理这个问题的呢？我会"骗"一下自己。

我发现，设定可以长期坚持的目标只有一个办法，就是让这个目标和我个人成长的进度相匹配。对我来说，个人成长就是一个长期稳定的目标；虽然有点矛盾的是，这种追求又会一直处于一种变化的状态。

所以，我开始设定范围更广、与个人成长相匹配的动态目标，而不是像以前那样选择固定的目标——经营电子游戏生意。

如今新的事业让我得以全力投入地去追求个人成长，去向别人分享自己学到的知识，所以"成长"本身就是目标——对我自己和他人而言都是如此。这就创造出了一种共赢关系：通过帮助别人，我自己得到了成长；个人的成长又推动了新的思考，进而又能帮助到他人。

所有阅读我文章的朋友，也许都感受到了这种影响。

对个人成长直接而清醒自主的追求，这就是适合我的一项使命。如果我把投资房地产作为自己的使命，几年后我可能就会觉得无聊；但由于我想要永远保持成长，我就需要在生活中保持一定水平的挑战，不断提高自己能力的上限。我不能让生活变得很无聊，让自己陷入那种自满自足的状态。

坚持的价值不在于固守过去，而在于一种对未来的愿景；这种愿景是如此吸引你，让你愿意付出任何努力去实现它。

如今我对未来的愿景，远比当年对 Dexterity 的愿景更加伟大。对我来说，帮助人们成长、解决他们最棘手的问题，这些比用游戏娱乐大众更加鼓舞人心。

在我经营 Dexterity 的时候，这种价值取向就已经显露出来了。

我更喜欢用益智游戏来激励人们思考，经常放弃那些能赚钱但没法给人们带来真正价值的游戏。

行动的坚持来自对愿景的坚持。当你无比清楚自己想要什么，你的愿景又始终保持坚定，你的行为就会更有一致性——你就更能够坚持不懈。这种持续的行动最终会带来持续的成果。

在你的生活中，能不能找到一个领域，你在其中表现出了长期的坚持？

我相信，如果你能找到这个领域，它可能就提供了一个关于你人生使命的线索——在这个领域，你能够努力奋斗，你的热情和自律会共生，会迸发出巨大威力。

管理你的精力

你没法买到更多的时间，
但你可以提升你的效率。

如何成为早起者？（一）

> 在拂晓前早起好处良多，这是一种对健康、财富和智慧都有益的习惯。——亚里士多德

早起是天生的基因，还是后天养成的习惯？就我而言，绝对是后者。20 多岁的时候，我很少能在晚上 12 点之前上床。我每天都睡得很晚，第二天基本要到下午才能进入工作状态。

但是，一段时间后，我开始正视"成就"和"早起"之间很强的相关性。在偶尔早起的日子里，我总会发现自己的效率非常高；不只是早上，而是一整天都这样。同时，我还发现早起让我产生一种显著的、良好的自我感觉。

于是，作为一个积极的、目标驱动型的人，我决定成为一个早起者。我马上把闹钟设在了清晨 5 点。但第二天，我还是快中

午的时候才起床……

我尝试了很多次，但每次都差不多。我估计自己应该天生就没有早起的基因。不管什么时候闹钟响起来，我的第一反应总是关掉那个讨厌的东西，钻回被窝继续睡觉。这种习惯持续了好多年。直到后来，我看到了一些睡眠方面的研究，才知道自己以前是用了错误的方法。在我使用了这些研究中的正确方法之后，我终于变成了一个长期的早起者。

如果使用错误的策略，就很难成功，但如果策略正确，事情就相当简单。

但有哪些方法是错误的呢？

一种最常见的错误策略：你认为如果要早起，最好先早睡。所以你计算自己睡多少个小时，然后倒推出睡觉时间。比如你目前是从晚上 12 点睡到早上 8 点，那就改成晚上 10 点睡觉，然后早上 6 点起床。

这听起来非常合理，但你通常会失败。关于睡眠，似乎有两种主要的观点：

一种观点是，你应该每天都在同一时间睡觉，同一时间起床，让自己的生物钟更有规律——这种方法在现代社会似乎也还算可行，只不过我们要把每天的事情都提前安排好，确保所有事情都不被打乱，才能保证每天有充足的睡眠时间。

另一种观点是，你应该听从自己身体的需要，在感到疲惫时睡觉，然后睡到自然醒——我们的身体知道需要多长时间的休息，所以我们只要听从安排就好了。

经过反复试验，我发现这两种方法对我来说都不够理想。如果你关心自己的日常效率的话，两种方法都有问题，原因如下：

如果你把睡觉的时间严格固定，那你有时就需要在没有足够睡意的时候上床睡觉。如果你需要超过 5 分钟来入睡，那就是不够有睡意。你只是躺在床上睡不着，白白浪费时间。还有一个问题是，你假设自己每晚都需要相同的睡眠时间，但这实际上并不对。真实的情况是，你的睡眠需求每天都不一样。

而如果你完全听从身体的安排，那你可能就会睡得比实际需要更多——通常会多得多，比如每周多睡 10—15 小时（相当于完整一天的清醒时间）。如果按照这种方式，很多人每天的睡眠时间都会超过 8 个小时，但这通常来说都太多了。同样，如果你总是在不同时间起床，那每天早上的情况就会变得很难预料。这是因为，我们的生物钟有时候会不太准，你可能会发现自己的睡眠时间开始变得"飘忽不定"。

对我来说，最理想的方案，是把两种方法结合起来。其实很简单，很多早起的人就在这么做，甚至都没有专门去想过，但这对我来说却是一个思维突破。

这个方案就是：晚上在感到有睡意的时候（只能在有睡意的时候）上床睡觉；定好闹钟，确保早上在一个固定的时间点起床（一周 7 天都这样）。所以，我总是在同样的时间起床（早上 5

点），但每天晚上在不同的时间点上床睡觉。

我在感到睡意很浓、没法保持清醒的时候睡觉。我的标准是，如果自己开始走神，不能连续读一到两页书，那我就可以上床睡觉了。这种状态下，我基本都能在 3 分钟内入睡。有时我在晚上 9 点半睡觉，有时就会到晚上 12 点。多数情况下我都会在晚上 10—11 点睡觉。如果我不困，那就不睡，直到眼皮开始打架。在"等待困意来袭"的这段时间里，阅读是一个很不错的选择，因为如果手里的书不能再读下去了，我就知道我太困了，需要上床睡觉。

每天早上闹钟响起的时候，我把它关掉，花几秒钟伸伸懒腰，然后就坐起来。我的经验是，自己花越长的时间用来起床，就越可能继续睡过去。所以，在闹钟响起的时候，我不允许自己脑子里出现一种声音——告诉我继续睡有多少好处。即使我想继续睡，我也总是马上起来。

在采用这种方法几天后，我发现自己的睡眠进入了一个自然的节奏。如果某天晚上我睡得很少，那第二天晚上我自然会睡得早一些，以得到更多的睡眠。如果我感觉精力充沛，那就睡少一些。我的身体知道什么时候要让自己去睡觉，因为它知道第二天我总是会在同一个时间起床，而这个时间是没有商量的余地的。

这种睡眠方式带来的一个影响是我平均每晚比以前少睡了 90 分钟，但实际上我感觉比以前休息得更好了。我在床上的所有时间基本都处于真正的睡眠状态。

我了解到，大多数失眠者都是在自己没有睡意的时候上床睡觉。如果你没有睡意，发现自己不能很快入睡，那就起来一会儿。不要强迫自己去睡，要学会让自己平和地等待身体开始释放激素，剥夺你的清醒意识。

在感到困的时候睡觉，在早上一个固定时间起床，也许就可以治疗你的失眠症。第一天晚上你会熬到很晚，但你可以马上入睡。第二天你可能会觉得很疲惫，因为早上起得太早，只睡了很少的几个小时，但你辛苦熬过白天之后，晚上就会想要早早入睡。几天之后，你就会调整到一个固定的睡眠模式，在晚上基本相同的时间开始出现困意，然后很快入睡。

如果你想变成一个早起者（或者更好地掌控自己的睡眠），那就试一试：只在感到非常困、没法保持清醒的时候上床睡觉，然后每天早上在一个固定的时间点起床。

如何成为早起者？（二）

关于早起，还有很多细节需要补充。

首先，关于"在有睡意的时候才睡觉"——正确做到这一点，需要一些清醒认知以及常识。

如果你在睡觉前做一些刺激性的事，那你就会把睡意推迟，熬夜到更晚。

上大学的时候，我经常在晚上玩扑克游戏，一直玩到清晨，然后就去吃早餐。只要我进入工作状态，或者和朋友们出去玩，又或者做其他刺激性的事情，我就可以轻松熬夜到很晚，占用自己正常的睡觉时间。

但是，这并不是我说的"在有睡意的时候才睡觉"。我提出的测试方法是指无法在不走神的状态下再看几页书，可不是让你等到筋疲力尽再去睡觉。

　　我说的"开始有睡意",是指身体开始释放激素,让你变得头脑迷糊。这和"感到疲劳"并不是一回事。你实际上是感到放松、昏昏欲睡。

　　为了让这种状态出现,你需要创造正确的条件。这意味着,你要在睡觉之前给自己一点逐渐放松的时间。

　　我发现,阅读是一个睡前放松的好方法。一些人觉得不应该在床上阅读,在床上你只应该睡觉,否则会影响睡眠。但我的真实体验是——当我感到太困以至于不能读下去的时候,我就把书放下,然后开始睡觉。当然,如果你喜欢,你也可以坐在椅子上阅读。

　　你也可以用另一种测试方法——问问自己:"如果现在上床睡觉,我需要多久能入睡?"如果你感觉要 15 分钟以上,那我建议你还是继续醒着吧。

　　如果你想做到每天按时起床,可能需要经过一些练习,你才能调整出一个适合自己的睡眠时间。刚开始,你可能会处于一种明显的摇摆状态:一天晚上睡得太晚,另一天晚上又睡得太早。但是,最终你会找到感觉,知道自己什么时候可以马上入睡,第二天又能让自己精力充沛地醒来。

　　作为防止熬夜的万全之策,请给自己设一个睡觉的"最晚时间"——即使你不是很困,也要在这个时间前上床睡觉。

　　我清楚自己的睡眠情况,每天 6.5 个小时的睡眠时间对我来说是相对合理的。事情多的时候,我也可以只睡 5 个小时,只要不是每天这样就行。作息时间规律后，我每天的睡眠时间不会超过7.5 个小时；不像之前，我通常每晚睡 8—9 个小时，偶尔比较累时甚至要睡到 10 个小时。

如果你在白天摄入了咖啡因，那它很可能会扰乱你的睡眠。所以，如果你对咖啡因上瘾，那就先戒掉这个瘾。如果你用化学物质搅乱自己的大脑，那就别指望自然的困倦状态能在正确的时间出现。

在上一节里我主要是想说明怎样养成早起的习惯。所以，其中的建议主要是围绕"习惯建立"，而一旦习惯被建立起来，它就会自动地运行下去了。然后，你就可以在睡前做一些对大脑更有刺激性的事情了，如工作或者玩游戏。但因为习惯已经建立，所以你依然知道什么时间该去睡觉，虽然可能每天是在不同的时间。"睡意测试"主要是用来建立习惯的，在这之后，一些更加微妙的信号就可以代替这种测试了。

如果需要，你永远都可以时不时地睡个懒觉。如果我熬夜到凌晨 3 点，那我就不会在早上 5 点起床。但是，第二天我就会回到自己的日常节奏中去。

我建议至少在连续 30 天里，坚持按时起床，这样你才能真正养成习惯。习惯养成后，你的身体就会按照这个规律运行，你很难再睡懒觉。

有一个周六，我决定睡个懒觉，所以没定闹钟，结果第二天我清晨 4:58 就自然醒了。然后我试着继续睡，但整个人已经非常清醒了，实在没法再睡下去——早起的习惯一旦被养成，起床这件事就一点都不难了。

如果你有孩子，那就按需调整。我的孩子一个 5 岁，一个 1 岁，有时候他们会在半夜把我吵醒——我女儿最近有了这个习惯，经常半夜闯进我和妻子的卧室，跟我们讲她做的梦，或者仅仅是随便说几句什么。

我知道如果有小孩，家长必须每隔几个小时就要醒一回，那是种什么感觉。所以，如果你是这种情况，我认为你应该在能睡的时候就赶紧去睡。小孩子们可不擅长遵守计划。

如果闹钟响起时，你无法让自己离开被窝，也许是由于缺乏自律。如果你足够自律，那无论如何你都会起来。"动力"也会有效，但它是不持久的，也许只能保持几天时间。

"自律"就像肌肉一样，你越锻炼它，你就越能依靠它。每个人都多多少少有点自律，但不是每个人都会去发展它。

为什么要早起？

早起，可以让你有更多时间去做比睡觉更有趣的事。

还是得说一下。通过早起，我每周获得了 10—15 个小时的额外时间，我可以利用这些时间做很多事情。

早上 6:30 的时候，我已经锻炼完身体、洗完澡、吃完早饭，坐在书桌前准备好开始工作。我每天都可以进行长时间的高效工作，而且通常在下午 5 点闹钟响起时就能完成当天的任务（还包括一些个人事务，如处理邮件、支付账单、接女儿回家等等）。

于是，我每晚有5—6个小时的自由时间，可以用来陪家人、进行娱乐活动、参加头马国际演讲俱乐部的活动、读书、写日记……而最棒的是，这个时候我依然精力充沛。能够有时间去做每一件对自己来说重要的事，这让我每天都感到非常平衡、放松而又积极乐观。

想想你能用这些额外时间来做什么？哪怕每天只有30分钟的额外时间，都足够你用来坚持每天锻炼、每月读一两本书、运营一个博客、每日冥想、做健康食物、学一个乐器……

每天的一小部分额外时间，在一年里可以累积成相当大的数量。每天30分钟，就是每年182.5个小时，这比全职工作一个月的时间都长（每周40小时）。如果你每天省出60分钟，那就翻倍了；如果90分钟，那就是三倍。

对我来说，早起省下来的就是每天90分钟，这相当于每10年我就额外多了一年的"时间大礼包"。我用这些时间来做以往没有时间、没有精力去做的事。

这简直太棒了！

如何在闹钟响起时
立刻起床？

当早上闹钟把你叫醒的时候，你是不是觉得"立刻起床"非常困难？你是不是发现自己总是按掉闹钟，钻回被窝继续睡觉？

以前这也是我的日常起床习惯。每当闹钟响了的时候，我会马上关掉那个破玩意儿。然后，在似醒非醒的状态下，我开始慢吞吞地思考自己是不是应该起床：

被窝里又暖和又舒服，如果我起床，一定挺冷的。那可不会很舒服。

啊，我真的应该马上起床了。来吧我的腿，动一动。走啊，我的腿，走。嗯……我的腿一般不是这样的，对吧？它们好像不听我的话。

我应该去健身房。对。嗯……但是我现在不太有想要运动的感觉。我都还没吃早饭呢。也许我应该先吃个松饼、香蕉加坚果。

对的，这肯定是个不错的松饼。

也许我让自己起得太早了。我还很困呢，不是吗？也许让闹钟叫醒自己起床，这本身就是个不自然的事情。睡得更多是不是会让我状态更好呢？

我没必要现在马上就起床，不是吗？我当然可以再多放松 5 分钟，也许可以再加一个 5 分钟。我不起床地球照样转。

我打赌现在抱着妻子肯定暖和舒服极了。她告诉我她讨厌我在早上 6 点抱她，不过那又怎样……

两小时以后……

我：现在几点了？我都记不得闹钟响过了。刚才抱着老婆睡觉感觉可真不错。啊好吧，我看今天是锻炼不成了。

妻子：既然闹钟响的时候你不起床，为什么还总是要设闹钟？

我：哦，你认为那是我的起床闹钟吗？那是我的"拥抱闹钟"。

好吧，我并不是真的把它当作"拥抱闹钟"。我本来计划在它响起的时候马上起床，但是我迷迷糊糊的大脑总是把我劝回被窝继续睡觉。

现在快进到如今的状态。

我的闹钟会在清晨 4:00—5:00 的某个时间响起，从来不会晚于 5:00，即使周末和节假日也一样。我在几秒内关掉闹钟，接着进行深呼吸，让空气充满我的肺；然后伸展四肢，持续几秒钟。

紧接着，双脚踩到地板上，穿上衣服。这个时候妻子还在睡觉。我下楼去抓几块水果，进入办公房间，处理邮件，然后在 5:15 准时出发去健身房。

现在我的脑子里已经不会再有那个声音，老是和我争论我应该做什么。它已经悄无声息了。这一系列动作是自动发生的，甚至发生在我的大脑完全清醒之前。我没法说每天早上按时起床需要什么"自制力"，因为这已经变成了一种完全设定好的自然反应。就好像我的潜意识控制着自己的身体，而清醒意识只是被动跟随。每天早上，当闹钟响起的时候，我就像巴甫洛夫的狗一样条件反射。事实上，这个时候如果我不起床，反而会挺难。

现在问题来了：你是怎样从以前那种状态，切换到现在这种状态的？

首先，让我们看看大多数人处理"起床"这个问题的方法——在我看来错误的方法。

这种错误的方法，就是想要用自己清醒的"意志力"，每天早上把自己从被子里拉出来。这种方法可能偶尔会起作用，但是，面对现实吧——你的大脑不是总能在闹钟响起那一刻就开始清醒地思考。你往往会经历我称之为"大脑迷雾"的状态。在这种状态下，你做出的选择往往不是你在完全清醒状态下已经决定的那个。此时你不能完全相信自己……你也不应该相信。

如果你使用的是这样一种方法，你就很可能落入陷阱。你提前决定要在某一个时刻起床，但是，第二天闹钟响起的时候，你拒绝了之前已经想好的决定。等到 10 点的时候，你终于想明白了，早上 5 点起床才是一个比较好的主意。但是在 5 点的时候，你想的是 8 点起床才更好。让我们面对现实吧——你知道 10 点做出的那个决定才是自己真正想要的，只要在 5 点时你能让自己去执行它就好了。

如今，很多人在面临这个难题的时候，得出的结论是，自己需要更多的"自制力"。这在一定程度上是对的，但也不完全是你想的那样。如果你想在早上 5 点起床，你并不需要在这个时候拥有更多的自制力。你不需要更好的"自我交流"。你不需要在房间各处放上两个或者三个闹钟。你不需要一个搭载了高端太空科技的先进闹钟。

事实上，你需要的是在完全清醒的时候具备更多的自制力：这部分自制力让你能想明白一件事，就是你无法在早上刚醒来时做出明智清醒的决策。你需要自制力来让自己接受这一点——你无法在早上 5 点时做出正确的决定。

那么，正确的解决方案是什么？是把这个问题委托出去，让潜意识来解决它，把你的清醒意识排除在外？

你该怎么做？答案是，和你学习其他重复性的技巧一样，你不断练习，直到它变成一套习惯性的做法。最终，你的潜意识会自动接管一切。

这听起来有点蠢，不过真的有效。练习在闹钟响起的时候立刻起床。对，就是练习。不过，不要在早上做这件事。要在一天中你完全清醒的时候去做。

进入你的卧室，尽量把房间环境调整成你在睡醒时最想要的样子。让房间保持黑暗，或者在傍晚日落后练习，这个时候天已经黑了。如果你通常穿睡衣，那就穿上；如果你在睡觉前刷牙，那就刷牙；如果你在睡觉时摘掉隐形眼镜，那就摘掉。

设定闹钟在几分钟后响起。躺下，闭上眼睛，就好像你在睡觉一样。摆出你最喜欢的睡觉姿势。想象这是在清晨……在你起床时间点的前几分钟。假装你自己在睡觉，想象一个梦中的场景，或者尽可能入睡。

当你的闹钟响起时，把它关掉，越快越好。然后深呼吸，让空气充满你的肺部，然后花几秒钟伸展四肢……就好像你在伸懒腰。然后坐起来，脚踩在地上，站起来。来一个大大的微笑，然后去做你通常在醒来后会做的事情——对我来说是穿衣服。

现在，调整一下自己，重新切换到睡前的状态。回到床上，重新设置闹钟，重复之前的动作。一遍一遍地练习，直到这变成完全自动的行为，直到你在做这些例行动作时都不用思考。如果你还需要思考其中的任何一步（比如你听到脑子里有一个声音告诉你该做什么），你就还没有达到标准。

尽管花上几天时间去练习吧。把这想象成在健身房反复锻炼，每天在不同的时间里练习一到两组，每组重复 3—10 次。

是的，这项练习会花费一些时间。但是，相比长期来说可以节省的时间，这点时间根本无关紧要。现在几个小时的练习，可以在未来为你每年节省几百个小时。

在经过足够的练习后——我无法给你一个精确的时间预估，因为每个人情况不同——你会对闹钟铃声产生一种条件反射。当闹钟响起时，你会自然地起床，甚至都不会去想这件事。你越这样做，这种习惯就变得越强。最终，当闹钟响起时，你如果不起床才会感到难受，那种感觉就好像裤子穿反了一样。

如果你擅长想象，你也可以在心里练习这种方式。心理练习相对更快，不过我觉得最好还是实实在在地去做。如果你只是进行心理练习的话，你可能会漏掉一些很微妙的细节，而你需要的是让潜意识抓取真实体验的感觉。所以如果你想进行心理练习，至少在开头几次要实际体验一下。

你练习自己的起床习惯越多，你就让这种习惯越深地植入潜意识。闹钟响——立刻起床，闹钟响——立刻起床，闹钟响——立刻起床。

当这变成一项日常习惯的时候，你就不必再做专门的练习了。这种习惯是自我强化的。你只需要度过调整期，之后就基本上设定好了一个长期的习惯，除非你自己想改变它。即使一些情况下你没有严格遵守（比如在另一个时区的国家度假），你依然可以很容易地回到自己设定的习惯上去。这就像一种"肌肉记忆"。就像一旦你挖好了一条沟，它就会一直在那里，即使一点杂草长在上面也无关紧要。

你在闹钟响起时做的任何事情，都会变成一个自我强化的行为，只要你重复足够多次。大多数时候，你已经建立了自己的起床行为习惯，只不过它不是你想要的而已。你越重复自己现有的习惯，你就让它在你的潜意识里越深地植入。每次在闹钟响起时起床失败，这种失败本身都会更深地嵌入你的习惯反应。如果你想改变这项行为，就需要给大脑进行一次清醒自主的重新编程，比如按我说的这种方式。

对自己糟糕的起床习惯感到挫败是没用的——事实上，你恰恰会把这种挫败感也变成你想要改变的现有行为习惯的一部分。你不仅无法在闹钟响起时起床，而且会让挫败感变成一种习惯。这有多糟糕呢？你真的想在自己的余生里不断重复这种行为吗？如果你不开始更有力的行动，那这就是未来会发生的事。更好或者更坏，你的习惯会成就你，或者毁掉你。

一旦你建立了自己想要的起床习惯，我建议你每天都坚持它——每周 7 天，每年 365 天。在最开始的 30 天里，把你的闹钟设在同一个时间，每天如此。当习惯建立起来以后，你可以调整时间，或者偶尔在想睡觉的时候去睡觉。但即便如此，我还是建议你严格遵守这个习惯。这样它会变成你的默认行为，你也更容易长久地坚持下去，而避免再打破这个习惯。

我非常相信，一旦你建立了这个习惯，你绝对会爱上它。我把它作为自己最有利于实现高效能的习惯之一。它让我每年节省几百个小时，让我持续地受益。

想象一下——如果你每天睡过头 30 分钟，那就是每年超过180 个小时。如果你每天睡过头 60 分钟，那就是每年 365 个小时，相当于 9 个 40 小时的工作周。那是一笔巨大的时间。我不了解你的情况，但我可以想象得到，相比于躺在床上超过身体实际所需的时间，你一定可以用这些时间去做更多富有创造性的事情。

我鼓励你尝试一下这种方式。我知道"练习起床"看起来挺傻，但是，如果它真的有效呢？如果你完全肯定，只要你设定闹钟，就一定会在定好的时间起床，那是一种怎样的感觉？你没有任何理由无法获取这样一种能力。持续练习造就长久的能力。

付诸行动吧，你不会后悔的！

怎样在 30 秒内入睡？

你每天晚上要花很长时间才能入睡吗？你有没有发现，在最终迷迷糊糊睡着之前，脑子里总是思绪满天飞？你有没有发现，总是到点该睡觉了，自己却不是特别困？

要知道，如果你平均每晚要花 15 分钟才能入睡，每年浪费的时间就超过了 91 个小时。这就相当于花了超过两周的工作时间（每周 40 小时）——只是躺在床上等着睡觉。

如果你有失眠倾向，每晚得花超过一小时入睡，那就意味着在"等着入睡"这件事上，你每年要花超过 9 周的工作时间。

如果你想改变这种情况，请继续读下去。我会解释细节，并分享一个训练大脑快速入睡的方法。

◎ 减少咖啡因（至少在初始阶段）

首先，如果你在喝咖啡、茶、可乐或者任何含咖啡因的饮料，那这个方法就不会很有效。所以我强烈建议，在睡眠有所改善之前，至少戒掉咖啡因两周。

我同时建议在这期间戒掉巧克力，包括可可粉、可可豆等，因为它们都含有兴奋剂。

即使早上只喝一小杯咖啡，也会影响你晚上快速入睡的能力。你有可能因此睡得更不安稳，整晚更容易多次醒来。结果就是，你早上醒来的时候特别累，而且需要额外的睡眠补充。

从饮食中去除咖啡因，这会给你的睡眠质量带来巨大改善。如果你还没有这么做，那在开始尝试我后面介绍的训练方法之前，行动起来吧！

如果你真的特别喜欢咖啡因，好消息是，你在完成训练之后可以重新摄入。这可能还是会对你的睡眠有些干扰，不过 一旦养成了在 30 秒内入睡的习惯，即使白天摄入咖啡因，新的睡眠习惯还是可以继续保持。

◎ 训练大脑，达到快速入睡

10 年前，我每天晚上都要花 15—30 分钟才能入睡；有时候如果有心事，甚至得用上超过一个小时。只有少数情况下我当天非常困，才能在 5 分钟之内入睡。

如今，在 30 秒内入睡对我而言已经很正常了。我经常一秒钟就睡着了，我的最快纪录可能是 0.25 秒。

我是怎么知道的呢？因为有个见证人告诉了我。另外，由于醒来时还能回忆起做过的梦，所以我也确信自己是睡着了。如果我的睡眠时间只有一秒或者更少，那很明显是一个很短的梦。有时候在梦里时间会拉长，所以一秒在梦境里感觉会长得多……像经历了 5—10 秒。

这是嗜睡症吗？不是，嗜睡症是完全不同的。我一整天都不会在闲暇时间突然睡着；我白天也不太困，大多数时候我都不会打盹。与嗜睡症的一个共同之处是，我一旦入睡就开始做梦，而大部分人在一个小时内都无法进入梦境。我认为这是种积极的适应状态，而不是问题或者缺陷。

如果不困的话，我很难强迫自己入睡；而一旦准备睡觉，我就能很快入睡，不浪费时间在尝试入睡上。

我也不是能完全做到这样。如果压力大并且晚上脑子里有一堆事情，我会觉得很难放松和入睡。但大多数时候，在正常条件下，我都能在 30 秒内入睡。

我并不是靠自己的清醒意志做到了这一点，而是经过了长期的睡眠训练。所以，不要以为用一些心理上的技巧就能马上实现。

然而，一旦把自己训练到这一步，这个过程就毫不费力了，就像眨眼一样简单。

理解训练原理

这个训练过程有可能持续很长时间——几个月甚至几年，取决于自己想达到的水平——但是这完全不难，而且不需要很多时间投入。实际上，这个训练很有可能为你节省大量时间。唯一有挑战的是，长期坚持从而获得成果。

首先需要明白，你是有可能更快入睡的。你有没有在一天结束时感到非常困乏，上床后很快就睡着了？你有没有在看电影或者看书时睡着过？你有没有在躺下来两分钟之内就睡着了？

如果你之前做到过，那不妨考虑一下：你的大脑已经知道如何快速入睡了。只要创造了合适的条件，你就可以重复做到。你只是需要训练大脑，让它学会持续地这么做。

不能迅速入睡的主要原因是你还没有训练大脑去这么做。你也许最终能实现目标，但现在还没有。类似地，如果你参加了柔韧性训练，就有可能学会劈叉；但没有训练过，你可能永远都做不了这个动作。

如果想更快入睡，你就必须引导大脑放弃其他所有活动，在你想睡觉的时候马上转入睡眠状态，这是关键。如果懒散的入睡方式对你来说没什么影响，你的大脑就倾向于在这方面保持懒惰和低效——因为你并没有足够的理由让它更高效。

我们的大脑总是处于某种活动状态，即使在深度睡眠中也一样。大脑在不同的意识模式下运行，包括 β（清醒）、α、θ 和 δ 阶段等等。如果躺在床上等着入睡，其实是在等着大脑切换状态。

一个未经训练的大脑，通常需要花大量时间来切换状态。所以，你可能会陷入其他的思绪，或者辗转反侧，或者干脆躺着不睡，直到大脑终于准备好进行切换。这是很普遍的情况。没有提高效率的"激励"，大脑很自然会保持这种懒散状态。

你的清醒意识可能特别想睡觉，但它控制不了。你的潜意识才真正决定了你何时入睡。如果你的潜意识不急着入睡，那清醒意识很难强迫它。实际上，你的潜意识会持续酝酿各种想法来占据你的清醒意识，用各种混乱思绪分散你的注意力，而不是让你放松进入睡眠状态。

相反，被训练过的大脑中的潜意识是顺从和快速的。当清醒意识说"去睡觉"，潜意识就可以马上激活睡眠模式，不过这要在至少有一点睡意的情况下才起作用。如果潜意识不认同睡眠的需求，它仍然会拒绝服从指挥。

接下来我分享的训练过程，可以让你的大脑学会一点：拖延不再是一个可选项；如果你决定去睡觉，它就要马上切换模式，没有拖延。

训练过程

这个过程首先是通过短时间的小睡，来训练大脑更快入睡。以下是具体方法：

如果在白天的某一个时刻你感到昏昏欲睡，那就允许自己小睡 20 分钟——但只允许睡 20 分钟，定一下闹钟。

你躺下以后，倒计时就开始。不管是否睡着，不管花了多久睡着，你都只有 20 分钟。一分钟都不能多。

在此期间，只是放松就好，不需要做什么特别的事情，不要强迫自己。如果你睡着了，很棒；如果你只是醒着躺了 20 分钟，也很好；如果其中睡了几小段，那也不错。

这 20 分钟结束后，马上起来，不许拖延。这一点很重要。

如果在闹钟响后你总是想继续睡觉，那就把闹钟放到房间的另一边，这样你就不得不起来去关掉闹钟。或者，当其他人听到闹铃后，让他们强行把你从沙发或者床上拉起来。但无论如何，马上起床，小睡已经结束了。如果你还是感到疲劳，可以之后再小睡——至少一个小时以后——别让自己立马又去睡觉。

如果可以的话，我觉得最好是在白天练习这种小睡；当然晚上也可以，但至少要在你正常入睡时间前的一个小时。晚上的最佳小睡时间应该是在晚饭后，许多人在这个时候都会觉得有些睡意。

你不需要每天都小睡，但如果可以，至少一周尝试几次。我认为最理想的状态是，每天小睡一次。

　　这个过程的下一步是，在早上用闹钟叫醒自己。每天把闹钟设定在同一个时间，一周 7 天。闹钟一响就马上起床，不管你睡了多久。再一次强调，不要拖延。

　　如果在这方面需要帮助，可以读一读《如何成为早起者？（一）》《如何成为早起者？（二）》以及《如何在闹钟响起时立刻起床？》。这几节里提到的方法帮很多人改善了睡眠习惯。

　　每天晚上找一个睡觉的时间点，这个时间点要求你做到马上入睡，这样才能保证睡眠充足。比如，如果你每晚需要睡 7 个小时才能休息好，同时计划每天早上 5 点起床，那你就要晚上 10 点上床睡觉。如果你得花 30 分钟才能真正入睡，那实际睡眠时间就会少于你的身体所需——这种浪费时间的习惯可不会让你很舒服。

　　你发送给大脑的信息是，你的睡眠时间是有限的。无论如何，你都得在一个固定时间起床。所以，如果你的大脑真的想睡觉，那它最好学会快速入睡，这样就能把这段时间最大化地用在睡眠上。如果它要花费时间在"入睡"这件事上，那它就损失了这部分时间的睡眠，而且之后也没有机会再弥补。把时间花在入睡上，就是在损失睡眠时间。

　　如果你在任意时间上床睡觉，又允许自己在任意时间起床，你就是在激励大脑保持懒散和低效。大脑会明白，花半个小时入睡是可以的，它完全可以晚点入睡。如果你定了闹钟把自己叫醒，但为了弥补入睡所花的那部分时间，选择更早上床睡觉，那你还是在告诉大脑：把时间浪费在入睡上是可以接受的，因为有足够多的额外时间用来获得需要的休息。

咖啡和巧克力也是大脑的"靠山"，因为如果睡眠不足，必要的时候大脑可以靠兴奋剂来保持运转。如果戒掉这些，你的大脑会迅速理解其中的关联：它会意识到，花太长时间入睡等于睡眠不足，意味着一整天你都会在疲惫和瞌睡中度过。

通过断掉各种兴奋剂以及"多睡一会儿"这样的后路，你就只剩下一个选择：你的大脑迟早会明白，快速入睡才是真正的解决方案，然后它就会调整到可以快速入睡的状态，以保证它需要的休息时间。

与其持续给大脑发信号，告诉它睡过头是可行的，或者兴奋剂是可用的，不如开始调整它，让它理解睡眠时间是有限的资源。你的大脑天生就擅长优化利用稀缺的生理资源，它经过了很长时间的进化才变成了现在这样。所以，如果睡眠时间看起来是有限的资源，你的大脑就能学会优化利用这种资源，正如它已经学会优化利用氧气和糖。

如果限定晚上的睡眠时间导致了白天感到困，这完全没问题。如果有必要，就小睡一下。如果需要的话，白天小睡多次也是可以的，但是要限定在 20 分钟以内，而且不要在一个小时内进行两次小睡。不管什么时候起来，至少要保持一个小时的清醒状态。

一旦你习惯了 20 分钟的小睡——或者如果你没有这么多时间

用来小睡——就可以尝试更短的小睡了。给自己 15 分钟、10 分钟或者 5 分钟的小睡时间。有时候我会花 3—4 分钟进行小睡（用计时器计时），睡完后我感觉出奇地清醒，但前提是我入睡特别快。

让你的大脑知道，20 分钟的小睡意味着 20 分钟完全的休息。如果它想在这期间想点别的，那就意味着睡眠更少了。

同时，要让你的大脑知道，晚上躺在床上的 X 个小时就是它能获得的所有睡眠时间（没有更多）。所以，如果它想获得充足的睡眠，那最好就把这些时间用在真正睡觉上。如果它把一部分时间花在睡觉以外的活动上，那就会剥夺相应部分的睡眠。

一旦你调整过来，能随心所欲地快速入睡，你就可以放宽心一些了，不用闹钟也可以按时醒过来。训练很可能会自动持续下去。

如果想的话，你甚至可以重新摄入咖啡因，但至少要在训练的几个月后，我建议对此严格要求。有规律地小睡，每天定闹钟在固定的时间起床。

大多数时候，我还是更喜欢用闹钟叫醒自己。我并不需要用这种方式达到快速入睡，但如果没有闹钟，我就倾向于在床上待比实际需要更长的时间。

如果你觉得这太严格了，那我很怀疑这方法对你有没有用。如果你给大脑留条后路，它就会接受这条后路，那它就没法学会你想教给它的转变。

每个人的情况是不一样的。所以，需要多久才能实现转变，这取决于你大脑的情况。我确定有些人能很快实现，比如在几周之内；但有些人可能就得花更长的时间。

有许多影响结果的因素，其中最重要的可能是你的饮食。一般情况下，清淡、健康以及更天然的饮食，明显有助于适应任何一种睡眠模式的转变；定期运动也会让你更容易适应睡眠模式的改变，尤其是有氧运动会有助于体内激素和神经物质的平衡，而其中很多都和调节睡眠周期相关。

如果你吃大量精加工的食物，而且运动量不大，那你就得注意了。我很少见到这类人能成功适应任意一种好的睡眠模式转变。

我最后要分享的一点是，当拥抱别人的时候，我能做到最快入睡，不管是小睡还是晚上睡觉。自己一个人的话，我一般能在30秒内入睡；但当我拥抱着温暖的伴侣时，我甚至能在一秒内入睡。如果你有一位乐意被抱的伴侣，你也可以试一试。

3 倍提升你的工作效率

你是否有过这样的情况：当回顾过去一周的时候，你失落地发现自己没有完成原本希望完成的事情？在你从事一种成功的职业或者经营一份成功的生意时，"时间"也许就是你最值钱的资本了，而"收入"则是你投入自己时间的直接产出。

你没法买到更多的时间，而时间永远在钟表的嘀嗒声中流走。几年前，我发现了一种方法，可以让自己的工作效率几乎提升 3 倍。在下文里，我就分享一些非常实用的点子。你马上就可以用它们来提升自己的效率，并且不需要工作得更加辛苦。

◎ 记录一份详细的时间日志

想要更好地管理时间，第一步就是看清自己当前在如何使用时间；而记录时间日志就是一种非常有效的方式。在尝试过一天之后，你就会清晰地洞察，看见自己的时间都用在了哪里。

记录时间的这种做法，通常已经足够把你从以往被动的习惯中拉出来，让你得到清醒的认知；然后，你才有机会去检视那些旧习惯，进而改变它们。

下面就是记录时间日志的方法：

在一整天里，不管你什么时候开始或者结束一个活动，都要把投入的时间记下来。也可以考虑用上一个秒表，记录活动之间的间隔。你可以只在工作时间做记录，也可以全天都记。

在这一天快结束时，把这些时间进行分类，看看你在每种类型的活动上花了多大比重的时间。如果你想更彻底一点，不妨坚持记上一周，计算一下在每一类活动上投入的时间比重。

这份记录越详细越好，记下你在处理邮件、阅读新闻、浏览网页、打电话、吃饭、上卫生间等事情上都花了多少时间。每当你离开自己的椅子，可能就需要记上一笔了。我通常会在一天中记上 50—100 次。

你可能会非常吃惊，发现自己其实只花了一小部分时间在真正的工作上。有研究表明，办公室里的工作者平均每天只有 1.5 个小时是真正在工作，剩下的时间都在社交、喝咖啡、吃东西、闲聊、来回乱翻文件，以及做其他跟工作无关的事情。

平均来看，全职的工作者甚至在上午 11 点才开始真正的工作，然后在下午 3:30 就又松懈了。

◎ 分析你的结果

我第一次写时间日志时，发现自己一周在办公室待大约 60 个小时，却只有 15 个小时花在了真正的工作上。即使这样，我的效率都已经是普通办公室工作者平均效率的两倍了。

这个结果让我很困扰：其他 45 个小时都去哪儿了？

时间日志把它们全都展示给了我，让我看到那些在无意中流走的时间——太过频繁地看邮件，太过"完美主义"地做些根本没必要的事情，读太多的新闻，花太多的时间吃饭，被一些本可以避免的事情打断……

◎ 计算你的"个人效率比"

当我看到自己在办公室花了 60 个小时，但只有 15 个小时在真正工作时，我就开始问自己一些有意思的问题了。

我的收入和工作成果仅仅取决于这 15 个小时，而不是在办公室花的所有时间。所以，我决定记录一下自己每天的"个人效率比"——用投入在真正工作上的时间，比上在办公室度过的全部时间。

这是计算公式：效率比 = 真正在工作上投入的时间 ÷ 上班时间

计算结果很让我烦躁。我发现自己每天只有 25% 的时间真正在工作，我还发现仅仅延长工作时间是一件极度愚蠢的事情。

◎ 减少工作时间以提升效率

如果你曾经强迫自己去做一件根本没动力的事情，那结果很可能是失败。这就是我在强迫自己"更辛苦地工作"时体验到的结果。

实际上，尝试"更辛苦地工作"，这会减弱我的动力，让我的效率变得甚至比之前更低。

所以，我决定尝试一下相反的策略。第二天，我只让自己在办公室待 5 个小时，剩下的时间不允许继续工作。

好吧，一件挺有趣的事情发生了，我估计你想象得到。

我的大脑产生了一个想法——工作时间是一个稀缺资源。几乎 5 个小时里的全部时间我都在真正地工作，个人效率比超过了90%。

我在那一周剩下的时间里继续这项尝试，完成了 25 个小时的工作量，而只在办公室里待了 30 个小时——效率比超过了 80%。

也就是说，我实际上能够每周砍掉 30 个小时的工作时间，同时还能比之前多 10 个小时真正地在工作。

如果时间日志显示你的效率比很低，那就尝试一下，严格限制你一天中的工作时间，然后看看会发生什么。当你的大脑知道工作时间是稀缺的，你就会变得更有效率，因为你必须这么做。

当有严格的时间限制时，你通常就会找到办法来把工作搞定。

但如果你有大把时间，你就很容易变得没效率。

◎ 在保持最高效率的同时，逐步增加工作时间

几周后，我就能把效率比维持在 80% 以上了，同时逐渐增加每周待在办公室的时间。如今我已经这么做好多年了。我每周在办公室待 45 个小时，但通常可以有 40 个小时真正在工作。我发现这种方法非常适合我。

如果我尝试延长在办公室里待的时间，我就会发现工作效率将很快降低。有趣的是，这种让我优化了工作效率的方法，也让我在生活的其他很多方面获得了非常好的平衡。不仅能用这种方法 3 倍提升自己的工作效率，我还得到了很多时间来追求其他个人爱好。

记时间日志是一种聪明的选择，它让你拥有最优的工作效率，同时又不需要增加工作时间。但是，时间日志只需要偶尔使用。

我自己每 3—6 个月会用一周来记录时间日志，这些年来，这个习惯给了我很大的帮助，总是给我带来新的改变。如果太长时间不进行记录，我的工作效率就会逐渐降低，最终我又会回到被动的、浪费时间的习惯中去。

你可能会跟我一样，发现自己对工作效率的直觉和实际完成工作的情况非常接近。当你感觉效率低于理想状态时，请通过时

间日志来唤起自己的清醒认知。衡量你的个人效率比，然后优化整体效率，把它拉回本该有的水平。

　　记时间日志是一件收益很高的事情。它只需要你付出很少的努力，但带来的回报却是长期的和巨大的。

（全书完）

图书在版编目（CIP）数据

自律修炼手册 /（美）史蒂夫·帕弗利纳（Steve Pavlina）著；郭一炜译 . -- 长沙：湖南文艺出版社，2021.6（2023.8 重印）

　　ISBN 978-7-5726-0149-1

　　Ⅰ.①自… Ⅱ.①史…②郭… Ⅲ.①自律－手册 Ⅳ.① C933.41-62

中国版本图书馆 CIP 数据核字（2021）第 084988 号

上架建议：畅销·成功心理

ZILÜ XIULIAN SHOUCE
自律修炼手册

作　　者：［美］史蒂夫·帕弗利纳（Steve Pavlina）
译　　者：郭一炜
出 版 人：陈新文
责任编辑：匡杨乐
监　　制：邢越超
特约策划：王肃超　李　格
策划编辑：刘　筝
特约编辑：万江寒
营销支持：周　茜
版式设计：梁秋晨
封面设计：李　洁
封面插图：董师 @ 独角兽先生 MR_UNICORN
内文排版：百朗文化
出　　版：湖南文艺出版社
　　　　　（长沙市雨花区东二环一段 508 号　邮编：410014）
网　　址：www.hnwy.net
印　　刷：长沙鸿发印务实业有限公司
经　　销：新华书店
开　　本：875mm×1230mm　1/32
字　　数：158 千字
印　　张：8
版　　次：2021 年 6 月第 1 版
印　　次：2023 年 8 月第 3 次印刷
书　　号：ISBN 978-7-5726-0149-1
定　　价：49.80 元

若有质量问题，请致电质量监督电话：010-59096394
团购电话：010-59320018